Mit Illustrationen von Barbara Müller-Pollack

Impressum

Herausgeber:
ClearMind-Projects A. & S. Wenning GbR
Kempterstr. 31
87700 Memmingen

1. Auflage, Dezember 2024

Verantwortlich:
Andreas Wenning

Redaktion:
Andreas Wenning

Satz und Gestaltung:
Sandra Striffler (von KSW)

Illustrationen:
Barbara Müller-Pollack

Umschlaggestaltung:
Barbara Müller-Pollack und Sandra Striffler

Gesamtherstellung:
Point of Print by KSW®
KSW Vertriebsgesellschaft mbH
D-88239 Wangen/Allgäu
www.ksw-vertriebsgesellschaft.de

Inhaltsverzeichnis

Mai

Juni

Juli

August

September

Zu diesem Buch - Vorwort des Autors

Kochen aus Leidenschaft – vor vielen Jahren hat sich für mich eine berufliche Laufbahn in der Lebensmittelbranche außerhalb von Restaurantküchen ergeben. Was immer blieb, war die Passion für gutes, gesundes Essen mit hochwertigen Zutaten. Und das große Interesse an unseren vielfältigen Lebensmitteln vom Ursprung bis in den Kochtopf. Vieles davon aus dem eigenen Garten in großer Sortenvielfalt, mit Liebe zur Region und zur Verwendung saisonaler Zutaten. Denn – so meine Überzeugung – nur aus besten Rohstoffen können gute Gerichte entstehen. Denn schlechte Zutaten sind für bewusste Genießer eine Zumutung und werden dem, was unsere Natur zu bieten hat, nicht gerecht.

Dieser Qualitätsanspruch bis hin zu ultrafrischer Ernte aus dem Garten und schonend verarbeiteten Produkten aus Bio-Landwirtschaft hat seit Jahrzehnten einen großen Anteil im Leben unserer Familie. Es bereichert unseren Alltag ebenso wie die zahlreichen Kochevents, die wir ausrichten, wann immer unsere Zeit dies zulässt.

Über Lebensmittel und deren Bedeutung könnten wir hier lange sprechen – wir konzentrieren uns im vorliegenden Buch auf die Gerichte selbst. Das Buchprojekt ist eine zeitgemäße Fortführung meines Kochbuches „Das Hallertauer Kochbuch der Jahreszeiten“ aus dem Jahre 1996 zum damals 50. Jubiläum der Volkshochschule Pfaffenhofen an der Ilm. Dort hatte ich – als gebürtiger Oberallgäuer - viele Jahre gelebt, gastronomisch gearbeitet und Kochkurse an der VHS gegeben. Das Büchlein war damals schnell vergriffen. Möge dieses neue Kochbuch aus meiner Allgäuer Heimat nun hoffentlich auch hier den Weg zu zahlreichen Gourmets wie Gourmands finden.

Ich empfinde es als ein großes Glück, dass ich die Memminger Künstlerin Barbara Müller-Pollack für dieses Projekt gewinnen konnte. Sie ist nicht nur eine begabte Zeichnerin. Sie hat auch das Konzept begeistert aufgegriffen und mit ihren einfühlsamen Illustrationen das Buch insgesamt entscheidend mitgeprägt. Damit wurde die Idee, mit den Inhalten über das Alltägliche hinauszukommen, nochmals deutlich verstärkt.

Schließlich möchte ich die Philosophie unserer Küche, die diesem Kochbuch zugrundeliegt, einleitend wie folgt beschreiben:

Frisch, pflanzenbasiert, aber gerne auch Fleisch, wenn von persönlich bekannter Herkunft. Schmackhaft, gesund, für Körper und Seele bekömmlich. Vieles aus Milch, einem genialen Naturprodukt gerade hier im Allgäu. Vielfalt in der Abfolge, wenig in der Menge, deshalb gibt es bei uns immer viele kleine Gänge. Authentisch, handwerklich. Saisonal, aus vielerlei Gründen fast immer Bio, mit Liebe zum Detail.

Mit Hochachtung vor den Produzenten, deren Arbeit und deren Können. Sie bereichern unser Leben. Ihnen und ihren Produkten soll dieses Büchlein eine Bühne geben... **guten Appetit!**

Andreas Wenning
Autor

Vorwort der Künstlerin

Als Diplomdesignerin hatte ich früher ein eigenes Designstudio, aber ich bin wohl eher das, was man eine kreative Wanderin nennen könnte. Viele Jahren war ich im pädagogischen Bereich tätig, und die bunten Spuren meiner zahlreichen Streetart-Projekte findet man in ganz Memmingen. Ich fand es schön, die Kunst von den Wänden ins Klassenzimmer und wieder zurück zu bringen.

Für dieses Buch bin ich nun zu meinen grafischen Wurzeln zurückgekehrt. Mit Stift, Schere und Papier habe ich mich durch Allgäuer Landschaften gearbeitet und dabei festgestellt, dass das Illustrieren von Essen fast so viel Spaß macht wie das Essen selbst. Fast.

Die kulinarischen Kollagen in diesem Buch sind alle handgemacht – keine KI-Zaubertricks, kein Photoshop. Durch die Montagetechnik von Foto und Zeichnung entstehen außergewöhnliche und räumliche Effekte in der Schwarz-Weiß-Darstellung.

Mit dem Autor dieses Kochbuchs teile ich unter anderem die Liebe zu gutem, wertvollen Essen. Während er jedoch aus regionalen Allgäuer Produkten Menüs kreiert, beschränke ich mich darauf, sie zu Papier zu bringen – deutlich weniger Abwasch, gleich viel Spaß.

Also, liebe Leserinnen und Leser, tauchen Sie ein in diese Welt aus Linien, Fantasien und Aromen. Lassen Sie sich inspirieren – zum Kochen, zum Genießen und vielleicht sogar zum Zeichnen.

Guten Appetit und viel Freude beim Entdecken!

Ihre Barbara Müller-Pollack

Hinweise zu den Rezepten

Die Menüküche hat ihre Besonderheiten – die Zutaten des einzelnen Gerichtes hängen von der Anzahl der Gerichte in der Speisenfolge ab. Wir gehen meist von vier Personen und drei Gängen aus, das lässt sich jedoch nicht immer konkret umsetzen. Ein ganzes Huhn ist nun mal ein ganzes Huhn.

Deshalb ist die Personenzahl beim Rezept immer als Richtwert entsprechend angegeben.

Kochen Sie Menügerichte als Einzelgerichte nach, so genügt in der Regel der Faktor 1,4 auf die entsprechende Personenzahl.

Denn es gilt: Im Menü ist es nie zu wenig, häufig aber zu viel! Bei Menüs mit sechs, zehn oder mehr Gängen, benötigen Sie pro Gericht nur sehr geringe Mengen. In unserer Beschreibung sind wir etwas mengenbetonter, als wir dies sonst tatsächlich zubereiten.

Denn eine gute Küche verliert nichts – alles kann weiterverwendet werden. Aus Resten entstehen kreative, oft schmackhafte Gerichte...

Januar

Salat von Blutorangen, Chili, Streifen von jährigem Sennalpkäs und frischem Olivenöl extra vergine

*

Kren-Risotto mit geflammtem Blumenkohl, Rote Bete-Chips und Lauch-Öl

*

Birnen-Walnuss-Tarte

Der Januar

Jetzt, da die Tage am kürzesten und die Nächte am längsten sind, ist dieser Wintermonat nicht nur in der Jahreszahl eine Zäsur. Nach den üppigen Festtagen suchen wir wieder Normalität, gerade auch in unserem Alltag und unserem Speiseplan. Manches gilt es sogar zu korrigieren und neu einzurichten in diesem Monat der guten Vorsätze, der Diäten und selbstauferlegten Ernährungsregeln.

Dass gesunde Ernährung auch genussvoll sein kann und sollte, das wird uns dieser erste Monat im Jahresverlauf zeigen.

Saisonal ist das Angebot gerade jetzt besonders eingeschränkt – wohl dem, der im Herbst ausreichend gute Vorräte angelegt hat, von denen hier einige Verwendung finden werden. Sind doch gerade die ersten Monate die, in denen unser Körper gute Stoffe für sein Wohlbefinden und zur Abwehr von jahreszeitlichen Krankheiten benötigt. Kohlsorten und Meerrettich sind jetzt unsere stärkenden Begleiter, alle kräftigenden Pflanzenwirkstoffe wie Anti-Oxidantien sind willkommen. Lassen Sie uns versuchen, gerade im Januar genussvolle vegetarische und bekömmliche Gerichte zuzubereiten. Glücklicherweise können wir im Winter zusätzlich auf einige leckere Zutaten aus südlicheren Gefilden zugreifen, beispielsweise Orangen, die gerade jetzt zur Haupternte am besten sind. Ebenso kommt nun auch das frische, noch kräftige neue Olivenöl auf unsere Märkte. Kombiniert mit regionalen Zutaten ergeben sich leckere Gerichte.

Salat von Blutorangen, Chili, Streifen von jährigem Sennalpkäs mit frischem Olivenöl extra vergine

Für 4 Personen
Zubereitungszeit: ca. 10 min.

2 Blutorangen
1 rote Chilischote
ca. 40 g kräftiger Sennalpkäse
16 schwarze naturgereifte, nicht geschwärzte Oliven
6 EL Olivenöl extra vergine
Salz
schwarzer Pfeffer aus der Mühle

Diese einfache Zubereitung lebt allein von der Qualität jeder einzelnen Zutat. Auf 4 Teller je ½ EL Olivenöl geben. Die Orangen schälen und quer zur Faser in dünne Scheiben schneiden, auf die Teller auffächern. Die Chili in dünne Streifen schneiden und auf die Orangen verteilen. Vom Käse mit einem Sparschäler dünne Streifen auf die Orangen hobeln. Die Oliven obenauf verteilen. Je 1 EL Olivenöl dazugeben, salzen und pfeffern. Fertig. Einfach und genial!

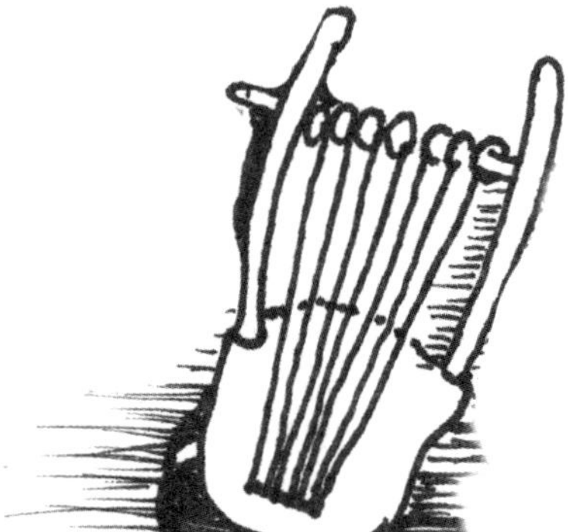

Kren-Risotto mit geflammtem Blumenkohl, Rote Bete-Chips und Lauch-Öl

Für 4 Personen
Zubereitungszeit: ca. 50 min.

Für das Lauch-Öl:
200 ml feines Olivenöl
10 cm Grünes von der Lauchstange
1 Messerspitze Meersalz

Rote Bete-Chips:
1 Rote Bete, ½ TL Meersalz
2 EL Olivenöl

Kren-Risotto:
1 Schalotte
3 EL Butter
80 g Risottoreis (bevorzugt Arborio, sonst Carnaroli-Reis)
100 ml trockenen Weisswein (Sober January: Alkoholfreien trockenen Weisswein oder Sekt verwenden)
ca. 200 ml leichte Gemüsebrühe
80 ml Sahne
40 g sauber geschabte, gewaschene Meerrettichwurzel (Kren)
Salz, Pfeffer, Muskat
8 Blumenkohlröschen, in Salzwasser kurz blanchiert

Das Kräuteröl zubereiten aus Olivenöl, Meersalz und in Streifen geschnittenem Grün von der Lauchstange. Alles im Mixer fein pürieren. Durch ein Tuchsieb in eine verschließbare Flasche abfüllen. Im Kühlschrank 1 Woche haltbar.

Für die Chips die rohe Rote Bete schälen, in dünne Scheiben hobeln oder schneiden, mit der Hälfte des Salzes bedecken und 15 min. ziehen lassen. Inzwischen das Backrohr auf 190 °C vorheizen. Dann die Scheiben mit einem Küchentuch trockentupfen, mit dem Olivenöl und dem restlichen Salz vermischen. Auf einem Backblech mit Backpapier auf mittlerer Stufe ca. 15 min. bei Umluft backen. Optisch kontrollieren, damit es nicht zu dunkel wird. Wir verwenden anstelle des Ofens hierzu den Airfryer, 180 °C ca. 16 min.

Für den Kren-Risotto in einem flachen Topf die Schalotte feingewürfelt in 1 EL Butter bei mittlerer Hitze andünsten, den Reis zugeben und unter Rühren mit Weisswein aufkochen. Nun bei milder Hitze unter häufigem Rühren den Risotto kochen, immer wieder mit etwas Gemüsebrühe aufgießen und wieder einkochen lassen. Das Ganze in ca. 15 bis 18 min. gerade noch bissfest garen. Mit Salz, Pfeffer und Muskat abschmecken. Den Meerrettich auf den Risotto raspeln, die restliche Butter und die Sahne zugeben, einmal aufkochen, umrühren und zugedeckt warmhalten.

Das Backrohr mit Oberhitze auf 220 °C vorheizen. Die bereits blanchierten Blumenkohlröschen auf einer Pfanne mit Metallgriff auf oberster Schiene unter den Grill geben. Kurz und kräftig grillen, bis die Oberfläche deutlich bräunt. Inzwischen auf vorgewärmten Tellern den Risotto verteilen (falls er nachgezogen hat, vorher weitere Sahne dazugeben und nochmals umrühren), dann auf den Tellern je 2 Blumenkohlröschen oben auflegen, und mit wenig Lauchöl beträufeln, mit den Rote Bete-Chips stehend garnieren. Großzügig pfeffern, fertig.

Birnen-Walnuss-Tarte

Für 4 Personen
Zubereitungszeit: Backzeit 30 min. + Vor-/Nachbereitung 30 min.

150g Blätterteig
1 EL Butter zum Ausbuttern
2 EL Butter
5 Birnen
etwas Mehl zum Bestäuben
⅓ Zimtstange
1 Sternanis
2 EL Zitronensaft
4 EL Quittengelee
60g grob gebrochene Walnüsse
1 beschichtete Backform mit Hebeboden 20cm

Die Backform am Boden und mind. 2 cm hoch ausbuttern. Den Blätterteig leicht bemehlt gut 2 mm dick ausrollen, um den Teigroller gewickelt in die Backform platzieren. Gleichmäßig verteilen und an den Seiten gut hochdrücken. Bis auf weiteres in den Kühlschrank stellen.

Die Birnen schälen, Stil mit 2 cm abschneiden, den Rest halbieren und Kernhaus ausschneiden. Birnenhälften in 2 mm dicke Scheiben schneiden, in eine Schüssel geben und rundum mit dem Zitronensaft beträufeln.

In einem Topf Zimtstange und Sternanis mit 40 ml Wasser, der restlichen Butter und einem Drittel der Birnen bei mittlerer Hitze kochen, bis die Birnen weich sind. Gewürze entnehmen und die Birnen mit dem Rührbesen feinrühren.
Abkühlen lassen.

Den Ofen auf 200 °C ohne Umluft vorheizen. Den Blätterteig in der Backform mehrmals mit der Gabel anstechen. Das nicht mehr heiße Birnenmus darauf verteilen. Die rohen Birnenscheiben in einem äüßeren und dann inneren Fächerkreis gleichmäßig verteilen.

Auf mittlerer Schiene knapp 30 min. backen. Dabei nach 15 min. die Walnüsse auf der Oberfläche verteilt zugeben.

Wenn die Birnen leicht gebräunt sind und der Boden knusprig ist, aus dem Ofen nehmen, 20 min. abkühlen lassen und dann aus der Form heben. Das Quittengelee im Topf heiß und flüssig machen und gleichmäßig über die Tarte verteilen. Noch warm servieren.

Februar

Allgäu-Sushi Fingerfood

*

Ceviche von Zander, Bachsaibling und eingemachten Herbst-Zucchini

*

Rosmarin-Huhn in der Salzkruste auf buntem Kartoffelsalat mit Zitronenmayonnaise

*

Zwetschgen in Rotwein mit Zimtschaum

Der Februar

Der Monat, in dem in weiten Teilen des Allgäus traditionell die alemannische Fasnet gefeiert und dann der Winter ausgetrieben wird. Kulinarisch schauen wir, was unser Vorratskeller noch hergibt. Milchprodukte liefern unsere Kühe frisch durch das ganze Jahr, in Form von Käse auch als haltbare, besonders genussvolle Zutat im Winter. Auch Fische stehen auf dem Speiseplan. Von unseren heimischen Fischen hat die Bachforelle gerade noch Schonzeit, freilebende Zander dürfen ab Mitte Februar für 10 Wochen nicht mehr gefangen werden. Nur der Bachsaibling wird ganzjährig geangelt. So bereiten wir uns jetzt noch ein leckeres, sehr bekömmliches Essen aus dem frischen Fisch zu.

Weiterhin liefern uns Winterkohl oder das so feine Sauerkraut wertvolle Nährstoffe. Mit etwas Kreativität lassen sich hier wunderbare Gerichte zaubern. Die Menüfolge sieht aufwändiger aus, als sie in Wirklichkeit ist. Es lässt sich fast Alles vorbereiten.

Allgäu-Sushi Fingerfood

Für 4 Personen
Zubereitungszeit: ca. 70 min.

200 g mildes Sauerkraut
40 g geräuchertes Wammerl, fein gewürfelt
Kümmel, 8 Wacholderbeeren,
2 Lorbeerblätter
200 g gesiebtes Weizenmehl 550, davon etwas zum Bestäuben zurückbehalten
1 Ei
Prise Salz
etwas lauwarmes Wasser
2 EL Bratöl
200 ml Sauerkrautsaft und/oder Gemüsebrühe
4 TL Sahnemeerrettich

Das Sauerkraut mit Kümmel, den Wacholderbeeren und dem Lorbeer ca. 30 min. köcheln lassen. Dann über einem Sieb ausdrücken, den Saft auffangen. Mehl, Eier und Salz im Kneter verrühren, langsam wenig lauwarmes Wasser zugeben, daraus einen geschmeidigen, aber festen Nudelteig kneten. Einen warmen Deckel oder Topf darüberstülpen und etwas ruhen lassen. Das gewürfelte Wammerl kurz anbraten, über ein Küchenpapier entfetten, beiseitestellen.

Den Teig in 2 Teile teilen. Aus jeder Hälfte je ein Rechteck ausrollen.

Jeweils mit ausgekühltem Sauerkraut und dem gewürfelten Wammerl belegen. Eng zusammenrollen, Teig gut schließen. Jeweils 5 cm breite Stücke abschneiden, Schnittstellen leicht mit Mehl bestäuben und dann auf eine Schnittseite in eine Pfanne mit dem heißem Öl geben. Es sollen schlanke Krautkrapfen für Fingerfood entstehen, nicht zu dick einrollen. Einige Minuten anbraten lassen, dann wenden, wiederum anbraten. Dann mit gut 1 cm Flüssigkeit aufgießen, idealerweise mit Sauerkrautsaft, sonst mit Gemüsebrühe.

Deckel auf die Pfanne und etwa 30 min. bei niedriger Flamme garen lassen, dazwischen einmal wenden. Die Flüssigkeit soll ganz verkocht sein. Lauwarm mit etwas Sahnemeerrettich servieren. Die Krautkrapfen können gut vorbereitet werden.

Zum Aufwärmen ohne Deckel in den Backofen bei 100 °C stellen.

Ceviche von Zander und Bachsaibling mit süß-sauer eingemachten Herbst-Zucchini

Für 4 Personen
Zubereitungszeit: ca. 20 min. +
3 Std. Einziehzeit

Insgesamt ca. 350 g Filet von Zander und Saibling
100 g eingelegte Zucchini (oder Kürbis), grob gewürfelt
50 g frische Gurken, grob gewürfelt
3 Bio-Limetten
1 Bio-Orange
1 frische rote Chili
4 EL frischen Koriander
1 TL hauchfein geschnittenes Zitronengras
2 EL Distelöl
2 EL Sesamöl, nativ
2 rote Frühlingszwiebeln
Meersalz, weißer Pfeffer aus der Mühle.
1 Knolle Topinambur oder Kartoffel

Fischfilets entgräten, Haut abziehen. Waschen, trockentupfen, Filets in grobe Würfel schneiden.

Den Saft der Limetten und der Orange auspressen, dabei 4 halbe Limettenscheiben als Garnitur und die Schalen der ausgepressten Limetten zum Würzen beiseitelegen. Presssäfte mit dem Distelöl, dem Salz, Pfeffer und der in feine Streifen geschnittenen Chili und dem Zitronengras vermengen. Korianderkraut feinwiegen, die Hälfte davon in die Marinade geben.

Fischwürfel darin gut vermengen und 3 Stunden im Kühlschrank ziehen lassen.

Topinambur waschen, in 2 mm dünne Scheiben schneiden, leicht salzen, im Backrohr oder Airfryer knusprig backen.

Zum Fisch mit Marinade vor dem Anrichten die in Scheiben geschnittenen roten Zwiebeln, die Zucchiniwürfel, das Sesamöl und den restlichen Koriander zugeben. Die Schalen der Limetten mit der feinen Küchenreibe gerieben hinzugeben. Gut vermengen. Auf die Teller geben, die restliche Marinade übergießen. Mit dem knusprigen Topinambur und den Limettenscheiben garnieren.

Das original ecuadorianische Nationalgericht Cevice de Cameròn haben mein Sohn und ich erstmals im Juli 2015 im Gran Cafe auf dem Stadtplatz von Quito gegessen. Hier die Allgäuer Variante mit Süßwasserfisch!

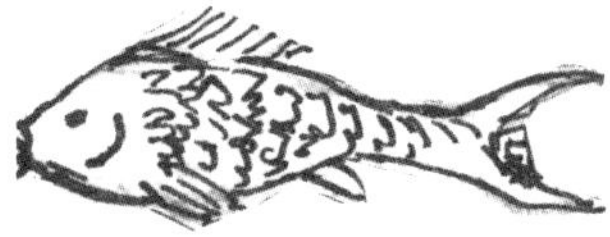

Rosmarin-Gockel in der Salzkruste auf buntem Kartoffelsalat mit Zitronenmayonnaise

Für 6 Personen (als Menü-Portion)
Zubereitungszeit: Vortag 25 min., dann 50 min. + Garzeiten 2 Std.

Am Vortag:
8 festkochende mittelgroße Kartoffeln verschiedener Farbe als Pellkartoffeln in Salzwasser kochen, schälen und beiseitestellen.

Für das Hähnchen:
1 küchenfertiges Bio-Hähnchen nicht über 1 kg
1 kg Meersalz
1 kg Mehl
1 Eiweiß
1 Lorbeerblatt
1 frischen Rosmarinzweig
Salz, mildes Paprika, Pfeffer

Für den Kartoffelsalat:
Kartoffeln, gekocht vom Vortag
1 EL mittelscharfer Senf
100 ml Gemüsebrühe
2 EL Rotweinessig
3 EL Sonnenblumenöl
1 kleine Zwiebel gewürfelt
½ Knoblauchzehe, feingewiegt
Salz, Pfeffer
1 EL glatte Petersilie, feingewiegt

Für die Mayonnaise:
1 Ei
1 Eigelb
200 ml Sonnenblumenöl
1 EL mittelscharfen Senf
½ Knoblauchzehe
Saft und Schalenabrieb ½ Zitrone
1 Prise Chilipulver
Salz, Pfeffer

Für die Mayonnaise zuerst alle Zutaten in Raumtemperatur stellen.

Für das Hähnchen den Ofen auf 160 °C ohne Umluft vorheizen. Das Huhn waschen, trockentupfen, innen und außen mit Salz, Pfeffer und Paprika würzen. Innen den Rosmarin und den Lorbeer zugeben. In einer Schüssel das Mehl mit Meersalz und Eiweiß vermischen. Das Huhn in einen engen Bräter setzen und vollständig mit der Salzmischung bedecken. Deckel aufsetzen und im Backrohr 1 ½ Std. garen. Zum Servieren Salzkruste aufbrechen und als Menüfolge kleine Portionen auf lauwarmem Kartoffelsalat mit Zitronen-Mayo servieren.

Für den Kartoffelsalat die Brühe aufkochen. Zwiebelwürfel, Senf, Knoblauch, Salz und Pfeffer in eine vorgewärmte metallene Schüssel oder Topf geben. Heiße Brühe aufgiessen, kräftig verrühren und 10 min. ziehen lassen. Dann Essig, Öl und Petersilie unterrühren. Die Brühe nochmal erhitzen und die Kartoffeln in nicht zu dünnen Scheiben hineinschneiden. 5 min. ziehen lassen.

In dieser Zeit alle Zutaten für die Mayonnaise in einen Pürierbecher geben. Den Stabmixer einsetzen und beim Pürieren langsam von unten nach oben ziehen. Fertig.

Hähnchen auf lauwarmem Kartoffelsalat mit Mayo anrichten.

Zwetschgen in Rotwein mit Zimtschaum

Für 4 Personen
Zubereitungszeit: 40 min.

Entweder eingeweckte Rotweinzwetschgen aus dem Vorratskeller oder für die nächste Zwetschgenernte schon jetzt vormerken, es lohnt sich:

500 g reife Zwetschen
200 ml trockenen, kräftigen Rotwein
50 g Zucker
1 Stange Zimt
2 Pimentkörner
½ Sternanis
Schale von ½ Zitrone

Zimtschaum:
2 Eigelb
50 ml Sahne
2 EL Zucker
1 Messerspitze Zimtpulver

Die Zwetschgen waschen, halb anschneiden und entkernen. In einem Topf die restlichen Zutaten ansetzen. Wenn diese kochen, die Zwetschgen dazugeben und ca. 5 min. köcheln lassen. Die Zwetschgen sollten noch bissfest sein, da sie beim Einmachen weiter nachziehen. Schraubgläser vorbereiten, das heißt den Deckel und das Glas mit kochendem Wasser sterilisieren. Dann die noch kochend heißen Zwetschgen ins Glas füllen und mit dem Rotweinsud bis oben auffüllen. Deckel verschrauben und Glas auf den Kopf stellen. Hält dunkel und kühl gelagert mind. 6 Monate.

Für den Zimtschaum stellen Sie einen passenden Topf als Wasserbad auf den Herd. In eine Metallschüssel, passend zum Wasserbad, geben Sie alle Zutaten für den Schaum. Schlagen Sie diese mit dem Rührbesen unter ständigem Rühren zur Rose ab (s. Fachausdrücke). Direkt warm auf den kalten Rotweinzwetschgen servieren.

März

Kimchi Allgäuer Art mit Rinderrauchschinken auf schwarzen Linsen mit Leinöl

*

Knusperbraten vom Schwein in Kümmel-Dunkelbiersauce, Bayerischkraut und Brezenknödel

*

Birne im eigenen Saft mit Minze aromatisiert, Schokoladensauce, Kardamomsahne

Der März

Auch wenn es jetzt noch richtig kalt werden kann - jetzt ist die Winterruhe doch bald zu Ende. Die Natur treibt kräftig aus, die bunten Blüten werden zahlreicher. LandwirtInnen wie GärtnerInnen bereiten fleißig die möglichst baldige Aussaat vor. Wer von den Gartenfreunden ungeduldig ist und den Mai-Frost zu den Eisheiligen nicht erwarten kann, dreht eine Extrarunde.

Im Speiseplan haben wir noch ein letztes Mal den Schwerpunkt auf Winterspeisen, wobei die ersten Frühlingsboten schon eingeplant werden können. Dem Trend, die Saison immer noch früher mit noch mehr Ressourcenaufwand starten zu lassen, wollen wir uns nicht beugen. Der Klimawandel macht einiges möglich, aber nicht alles sinnhaft. Und die besten Qualitäten gibt es stets zur Hochsaison, den Spargel gibt es eben erst Ende April, ohne die Felder mit schwarzen Folien zu verschandeln.

So kochen wir in diesem Monat gut und kreativ, was es gerade gibt. Und das gute alte Bier – der traditionsreiche „Märzen“ als eigene Bierspezialität passt auch ganz gut zu unserem Hauptgericht, wie auch das Dunkelbier aus dem Rezept. Jedenfalls sollte es regionales Bier z. B. aus Tettnanger Hopfen und oberschwäbischer Braugerste sein. **Das schmeckt, ist aus der Region und damit doppelt gut!**

Kimchi Allgäuer Art mit Rinderrauchschinken auf schwarzen Linsen mit Leinöl

Für 4 Personen
Zubereitungszeit:
Kimchi 1 Woche vorher 20 min.,
Fertigstellung 10 min. + 30 min.
Kochzeit

Für das Kimchi (Vorbereitung mind. 5 Tage vorher), ersatzweise als Fertigprodukt im Naturkostmarkt erhältlich:

300 g Spitzkohl und/oder Wirsing (nur äußerlich waschen)
700 ml Wasser
30 g weitere 10 g Meersalz
1 kleine Karotte
80 g Radieschen oder Rettich
2 Frühlingszwiebeln
2 gewürfelte Knoblauchzehen
1 kleinen Apfel, geraspelt
1 gehäuften EL frischen Ingwer, geraspelt
1 rote Chilischoten, feingeschnitten
1 TL mildes Paprikapulver
Schraubgläser

Für die Linsen:
80 g schwarze Linsen
200 ml Wasser
etwas Salz
3 Pimentkörner
4 EL gutes Leinöl
1 EL Zitronensaft
schwarzer Pfeffer
12 dünne Scheiben Rinderrauchfleisch

Für das Kimchi die äußeren Blätter vom Kohl entfernen, 2 schöne Blätter zur Seite legen. Kohl nur kurz abwaschen. Dann in Streifen hobeln. 30 g Salz in warmem Wasser verrühren, bis es sich aufgelöst hat. Kohlstreifen und ganze Blätter in die Lake geben und bei Zimmertemperatur 8 Std. stehen lassen, mit einem Teller beschweren. Die restlichen Zutaten ebenfalls in feine Streifen hobeln gut vermischen, mit den Kohlstreifen ohne Lake kräftig vermengen. Abschmecken und noch etwas Salz zufügen und dieses ebenfalls gut einarbeiten.

Die Gläser und Deckel mit heißem Wasser sterilisieren. Das Gemüse lagenweise in Gläser schichten, dabei ständig mit einem Stößel (z. B. einem umgedrehten Plastikgriff einer Stabreibe) verdichten, dabei aber nicht das Glas verletzen! Das Zellwasser soll austreten und keine Luft im Gärgut bleiben. Die restliche Lake aufgießen und darüber 3 cm Luft lassen, das Gemüse mit Krautblättern abdecken. Das Glas verschließen. Bei Küchentemperatur lichtgeschützt ca. 1 Woche fermentieren lassen. Verwenden oder einlagern. Nach 4 Tagen ist es erstmals verzehrfertig.

Die Linsen waschen, dabei immer optisch auf Steinbesatz prüfen. Im Wasser mit Piment, aber noch ohne Salz ca. 20-25 min. kochen. Dann Piment entnehmen, salzen. Abkühlen lassen.

Die Linsen in die Mitte der Teller geben. Darauf locker etwas Kimchi dragieren (der Rest bleibt auch geöffnet im Kühlschrank 2 Wochen haltbar). Je 3 Scheiben Rauchfleisch leicht gedreht locker obenauflegen. Darüber erst den Zitronensaft, dann das Leinöl träufeln. Reichlich Pfeffer aus der Mühle. Fertig ist eines der vermutlich gesündesten Gerichte, die es gibt.

Wenn Kimchi immer vorrätig ist, so ergibt sich damit ein einfaches Schnellgericht für den Alltag.

Knusperbraten vom Schwein in Kümmel-Dunkelbiersauce, Bayerischkraut und Brezenknödel

Für 4 Personen
Zubereitungszeit:
Vorbereitung 90 min. +
120 min. Garzeiten

Für den Braten:
600 g Schweinebauch mit Schwarte
gut 100 g Schweinsknochen gehackt (vom Metzger)
2 Zwiebeln, ungeschält
1 Karotte
1 Petersilienwurzel
¼ Sellerieknolle
4 schwarze Pfefferkörner
2 Lorbeerblätter
1 EL Sonnenblumenöl
2 EL Sonnenblumenöl, Meersalz, Pfeffer, Kümmelpulver,
2 Knoblauchzehen gepresst
ca. 500 ml Wasser zum Angießen

Für die Kruste:
1 EL Honig, 1 TL Butter, etwas Kümmelpulver

Für die Sauce:
80 ml dunkles Bier
bei Bedarf etwas Wasser
1 EL Kümmel ganz
1 EL Butter
Meersalz

Bayerischkraut:
400 g frisches Weißkraut
3 EL Schweineschmalz oder Sonnenblumenöl
1 EL Kümmel ganz
1 TL Salz, Pfeffer, 1 TL Zucker
ca. 200 ml Wasser
4 EL Grundsauce vom Braten

Brezenknödel:
2 trockene Brezen
2 trockene Semmeln
1 Zwiebel
40 g Butter
2 EL gehackte Petersilie
120 ml Milch
1 TL Gemüsebrühpulver
2 Eier
1 EL Semmelbrösel
Salz, reichlich Muskat

Für den Braten den Schweinebauch schon am Vortag unbedeckt im Kühlschrank lagern, damit er antrocknet. Zur Zubereitung zeitig aus der Kühlung nehmen. Das Backrohr auf 180 °C (Umluft) vorheizen. Die Schwarte mehrmals mit einer Nadel einstechen. Das Fleisch mit 1 EL Öl, Knoblauch, Salz, Pfeffer und Kümmelpulver einreiben und ziehen lassen.

Einen Bräter mit dem restlichen Öl auf der Herdplatte erhitzen, dann die Knochen rundum anrösten. Das Gemüse würfeln, zusammen mit den Gewürzen zum Bratenansatz geben und vermengen. Den Bräter jetzt ohne Gitter ins Rohr stellen, das Fleisch mit der Kruste nach unten auf den Saucenansatz legen und 15 min. braten. Fleisch wenden, Schwarte rautenförmig flach einschneiden und Wasser angießen. Weitere ca. 70 min. garen, dabei mehrmals Bratensaft vom Topf über das Fleisch geben. Bei Bedarf Wasser in den Bratansatz nachgießen. Zur Garprobe das Fleisch mittig anstechen, der Bratensaft sollte klar sein. Dann Fleisch entnehmen, in Alufolie einschlagen und bis zur Fertigstellung ruhen lassen. Den Bratensatz absieben und Fond beiseite stellen.

Für das Bayerischkraut:
Das Kraut in grobe Würfel schneiden. In Öl anschwenken, Zucker und Gewürze zugeben, darin das Kraut leicht bräunen. Das Wasser angießen und mit Deckel bei mäßiger Hitze ca. 45 min. schmoren lassen. Bevor das Kraut zerfällt, vom Herd nehmen und mit wenig Bratenfond abbinden.

Für die Knödel die Brezen und Semmeln in Scheiben schneiden. Zwiebel schälen, fein würfeln und in der Butter blass andünsten. Zusammen mit der Petersilie zu den Semmel-Brezen-Scheiben geben. Milch mit Gemüsebrühe erhitzen, dann über die Trockenmischung geben. Eier, Salz, Semmelbrösel und Muskat hinzugeben und von Hand durchmischen. 10 min. ruhen lassen. Mit nassen Händen kleine Knödel formen und in leicht siedendem Salzwasser 10-12 min. köcheln. Können gut vorbereitet werden.

Für die Sauce den Kümmel mit Salz in Butter anschwenken, mit dem Bier aufgießen. Den Bratenfond zugeben und auf die Hälfte reduzieren. Abschmecken.

Zum Anrichten nun den Backofen auf Grillstufe umstellen.

Für eine optimale Kruste nun die Butter erwärmen, Honig und Kümmelpulver einrühren und damit die Bratenkruste nochmals einstreichen. Während die übrigen Beilagen – zuerst die Knödel, dann das Kraut, dann die Sauce - schon angerichtet werden, für 5 min. unter den Grill geben.

Als letztes auf die Teller portionieren.

Birne im eigenen Saft mit Minze aromatisiert, Schokoladensauce, Kardamomsahne

Für 4 Personen
Zubereitungszeit: 20 min.

Eingeweckte Birnen aus dem Vorrat oder direkt zubereiten aus
2 Birnen
1 EL Zucker
125 ml Wasser
¼ Zimtstange, 1 Nelke, ¼ Sternanis
4 Blätter frische Minze (und weitere 4 Blätter für die Garnitur)
½ Bio-Zitrone (Saft und abgeriebene Schale)

Für die Schokosauce:
100 g Zartbitterkuvertüre
10 g Butter
10 g Honig
30 g feiner Zucker
50 ml Wasser

Für die Sahne:
100 ml Sahne
1 Messerspitze gemahlenen Kardamom

Für die Deko:
Puderzucker,
etwas Kardamompulver, Sieb

Für die Birnen zuerst alle Gewürze, aber nicht die Minze, mit Wasser und Zucker aufkochen, dann Saft und Schale der Zitrone zugeben. Die Birnen schälen, vierteln und das Kerngehäuse ausstechen, sogleich in den Gewürzsud geben, damit sie nicht braun werden. Ca. 10 min. zugedeckt köcheln lassen, die Birnen sollen noch bissfest sein. Minzblätter zugeben und kaltstellen.

Für die Schokosauce den Honig und Zucker im Wasser aufkochen. Kuvertüre zerkleinern, die Stücke zugeben und unter Rühren mit einem Rührbesen in der Flüssigkeit auflösen. Unter Rühren dickflüssig reduzieren. Zum Schluss die Butter unterschlagen. Warm servieren.

Für die Sahne die Zutaten vermischen und mit dem Schneebesen halbsteif aufgeschlagen.

Zum Anrichten je 2 kalte Birnenviertel ohne Saft auf einem Dessertteller mittig platzieren. Die warme Schokosauce darüber geben. Mit Kardamomsahne erst unmittelbar vor dem Servieren garnieren.

Zur Deko die Minzblätter platzieren und den Tellerrand mit Kardamompulver und Puderzucker aus dem Sieb dekorativ bestreuen.

Gut zu wissen ...
Obst- und Gemüsesorten

Kartoffel ist nicht gleich Kartoffel.

Karotte nicht gleich Karotte.

Apfel nicht gleich Apfel.

Linse nicht gleich Linse.

Sorten bringen nicht nur Vielfalt in unsere Küche, sie haben auch ihre jeweils ganz wichtige Bedeutung für Landwirtschaft und Verarbeitung. Und – sie schmecken unterschiedlich!

Die Sortenvielfalt geht aufgrund von Standardisierung in der Landwirtschaft und der Lebensmittelindustrie zunehmend zurück. Wenn Sorten dann auch vom Konsumenten nicht mehr beachtet und nachgefragt werden, gehen viele Kultursorten unwiederbringlich verloren.

Im eigenen Garten bauen wir sehr unterschiedliche Gemüse- und Obstsorten an. Es ist eine besondere Erfahrung von (Sorten-)Reichtum, in der Küche aus 20 Kartoffelsorten, rot, gelb, weiss, rosa oder aus unzähligen Tomatensorten jeden Tag neu auswählen zu können.

Wir unterstützen deshalb Initiativen zum Erhalt von alten Kultursorten. Spannende Einblicke und Möglichkeiten zur Beteiligung bietet das Projekt „Arche des Geschmacks“ der Slow Food Stiftung für Biodiversität. Das Projekt schützt weltweit regional bedeutsame Lebensmittel, Nutztierarten, Kulturpflanzen sowie traditionelle Zubereitungsarten vor dem Vergessen und Verschwinden. Gute Arbeit leisten auch Saatgutanbieter für samenfeste Sorten, zu finden in jedem Bioladen.

Verwenden Sie bevorzugt samenfeste Sorten, diese können weiter nachgebaut werden. Auf dass es auch in Zukunft so wunderbare Sorten wie „Wohlschmecker aus Vierlanden“ (Apfelsorte) oder „Purple Haze“ (Karotte) gibt!

April - Ostermenü

Getrüffelte gefüllte Frühlingsmorcheln in Nussbutter

*

Bachforelle mit Freilandspargel
auf einer Sauce von frischen Frühlingskräutern

*

Stew vom Allgäuer Frühlingslamm
mit grünen Bohnen und Pastinakencreme

*

Joghurt-Sorbet von der Karotte und Holunderblüte

Der April

Der Frühling beginnt! Warum auch immer – man fühlt sich leichter, unternehmungslustig und mit der erwachenden Natur steigt neben der Geselligkeit auch das Konsumverhalten. Möglicherweise hängt ja beides zusammen. Auf unseren Wochenmärkten in der Region ist wieder buntes Treiben angesagt, das Angebot der Marktstände und der Produkte nimmt täglich zu.

Während Manche jetzt an den Frühjahrsputz denken, sinnen wir nach Allem, was neu aus der Region unsere Küche bereichert. Wildkräuter, Frühjahrslamm, dann doch meist schon der erste Freilandspargel. Für Kenner ist die Frühlingsmorchel eine ganz besondere Pilzspezialität, manchmal zu finden in Rabatten und Blumenbeeten.

Einige Fischarten haben noch Schonzeit, (fast) nur der Karpfen hat keine. Dafür könnte es mehrere Gründe geben. Sicher war der Karpfen schon früher ein wichtiger Bestandteil der Ernährung gerade in der Winterzeit, heute nennen wir das wenig genussvoll „eine Proteinquelle". Seine Zubereitung benötigt etwas Übung. Wir überlassen das den fränkischen Kollegen, unsere Expertise liegt doch mehr auf der Bachforelle, einer originär einheimischen Fischart, die wir auch im eigenen Teich bewirtschaften.

Die ersten essbaren Blüten gibt es auch schon- in einem warmen Jahr sind ab Mai manchmal bereits duftende Holunderblüten sichtbar. Als Zeigerpflanze läuten sie dann den Frühsommer ein. Gerade noch Zeit, vorher unsere Sirup-Bestände aufzubrauchen ... **Wir ernähren uns regional saisonal, gesund und genussvoll – das spiegelt sich auch in unserem Ostermenü wieder.**

Getrüffelte gefüllte Frühlingsmorcheln in Nussbutter

Für 4 Personen
Zubereitungszeit: 35 min.

4 frische oder 8 getrocknete Morcheln
60 g Gerstengraupen, weich gekocht
20 g Frischkäse
20 g Butter für die Füllung
20 g Butter zum Anschwenken
2 EL kalte Butter für die Sauce
Salz, reichlich schwarzer Pfeffer
1 TL Trüffelöl aus echten Trüffeln
1 kleiner Trüffel (Sorte Albatrüffel, wenn erhältlich)

Für die Sauce nach Belieben
1 Schuss guten Cognac.

4 Scheiben Baguette als Beilage.

Frische Morcheln putzen, bzw. getrocknete Morcheln mit heißem Wasser bedecken und 20 min. einweichen. Dann Morcheln entnehmen und gut ausdrücken.

Das Morchelwasser in einem Topf auf ca. 2 EL reduzieren. Alle anderen Zutaten – außer den Cognac, dem ganzen Trüffel und von der Butter nur die für die Füllung – in einen Mixer geben und pürieren. Die Farce mit einem Spritzbeutel mit schmaler Düse in die Morcheln geben. Den halben Trüffel in eine Pfanne mit Butter hobeln und ca. 5 min. so anschwenken, dass die Butter leicht bräunt (Nussbutter). Salzen, pfeffern. Morcheln aus der Pfanne nehmen. Wenn gewünscht, den Bratenansatz mit einem Schuss Cognac ablöschen. Sogleich die Morchelwasser-Reduktion zugeben, leicht salzen und aufkochen, noch heiß die kalte Butter mit einem Pürierstab untermixen.

Sauce als Spiegel auf einen vorgewärmten Teller geben, die Morcheln darauf setzen, den restlichen Trüffel darüber hobeln. Pfeffer aus der Mühle, fertig. Dazu Baguette.

Bachforelle mit Freilandspargel auf grüner Sauce von frischen Frühlingskräutern

Für 4 Personen
Zubereitungszeit: 30 min.

1 große Bachforelle ca. 1 kg
etwas Mehl zum Bestäuben
2 EL Sonnenblumenöl
Salz, Pfeffer

500 g weissen Spargel
Salz, evtl. etwas Zucker und Butter

Für die Sauce:
ca. 6 gehäufte Esslöffel frische Kräuter (Petersilie, Sauerampfer, Brunnenkresse, Schnittlauch)
220 g Naturjoghurt 3,8%
Eigelb von 1 hartgekochten Ei
Zitronensaft
Pfeffer
Salz

Die Bachforelle filetieren, mit einer Pinzette entgräten, enthäuten und 4 gleichgroße Filets daraus schneiden. Waschen, trockentupfen. Salzen, pfeffern und leicht mit Mehl bestäuben.

Den Spargel schälen und in Salzwasser ohne Deckel kurz aufkochen, dann ohne weitere Hitze ziehen lassen, ca. 20 min. Ist der Spargel aufgrund der kalten Witterung sehr bitter, dann 1 TL Zucker und 1 EL Butter mit ins Kochwasser geben. Der Spargel ist fertig, wenn sich ein mitteldicker Spargel über einer Gabel gerade erkennbar biegt und er beginnt, vom klaren Weiß ins Gelbblaß zu wechseln.

Nun den Fisch im Öl auf beiden Seiten ca. 3 min. anbraten.

Für die Sauce die Kräuter waschen, trockenschleudern und grob hacken. Alle Zutaten in einen Mixer geben und pürieren. Mit der Hälfte der Sauce auf Tellern einen Saucenspiegel anrichten.

Den abgetropften Spargel darauf anrichten, die Fischfilets daneben. Mit der restlichen Sauce den Spargel und den Fisch verbinden. Pfeffern und mit frischem Wildkraut dekorieren.

Eine Beilage ist innerhalb dieser Menüfolge nicht nötig.

Stew vom Allgäuer Frühlingslamm mit grünen Bohnen und Pastinakencreme

Für 4 Personen
Zubereitungszeit: 20 min. +
Garzeit 2 Std.

500 g grobgewürfeltes Allgäuer Lammfleisch (am besten aus der Schulter)
2 EL natives Sonnenblumen- oder Rapsöl
1 grob gewürfelte Zwiebel
2 Zehen Knoblauch geviertelt
1 gewürfelte Karotte
½ Stange Staudensellerie gewürfelt
2 Lorbeerblätter
3 angedrückte Wacholderbeeren
1 Zweig Thymian dazugeben
1 EL Mehl zum Bestäuben
300 ml dunkles Bier aus der Region (auch alkoholfreies Dunkles schmeckt hier gut)
200 ml Rinderbrühe
200 ml Wasser
500g Spitzkohl
5 vorwiegend festkochende Kartoffeln, geschält, grob gewürfelt
100 g grüne Bohnen, Fäden gezogen
Pfeffer und Salz

Für die Pastinakencreme:
2 Pastinakenwurzeln
4 mittelgroße vorwiegend festkochende Kartoffeln
zur Hälfte bedeckt mit Wasser
Salz
60 g Butter
Salz, reichlich Muskatnuss
etwas Sahne nach Bedarf

Das Lammfleisch in einem ausreichend großen Topf oder Bräter im Öl anbraten. Die vorbereiteten Gemüse und Gewürze zugeben, alles kräftig anschwitzen. Dann mit dem Mehl bestäuben, umrühren. Mit dem Bier ablöschen, dann die Brühe und das Wasser zugeben. Je nach Fleisch ca. 2 Std. zugedeckt köcheln lassen, bis das Lamm schön weich ist. Nun die Kartoffeln, den Kohl und die Bohnen zugeben und weitere 25 min. köcheln lassen. Es sollte nur noch wenig dickliche Flüssigkeit übrig bleiben, bei Bedarf am Ende mehr Hitze und ohne Deckel weiter reduzieren. Abschmecken mit Salz und Pfeffer.

Für die Pastinakencreme das Gemüse würfeln und mit dem gesalzenen Wasser in einem Topf weich kochen. Restliches Wasser abgießen und beiseitestellen. Noch heiß mit der Butter, einem Schuss Sahne und reichlich Muskatnuss fein drücken und mit einem Rührbesen sämig rühren. Falls Flüssigkeit fehlt, noch von der Kochflüssigkeit zugeben, es darf aber nicht flüssig werden.

Die Creme auf Teller verteilen, leicht überdeckend das Stew dazu anrichten, pfeffern.

Sogleich servieren.

Joghurt-Sorbet von der Karotte und Holunderblüten

Für 4 Personen
Zubereitungszeit: 30 min. + Kühlzeit

220 g griechischer Joghurt
220 g Karotten
120 ml Saft von aufgegossenem Holunderblütensirup
80 g Zucker
30 g Honig für das Sorbet
etwas Abrieb einer Bio-Zitrone
2 EL kräftigen Honig zum Garnieren

Karotten waschen, schälen, fein würfeln. Holunderblütensaft mit dem Zucker und dem Honig erhitzen. Die Karottenwürfel darin ca. 20 min. weichdünsten. 2 EL Würfel für die Garnitur entnehmen und zur Seite stellen. Dann den Zitronenabrieb zugeben.

Pürieren. Abkühlen lassen.

Schließlich den Joghurt unterrühren. In die Eismaschine geben und ca. 30 min. frosten. Ohne Eismaschine: In einer flachen Plastikschale frosten, dabei stündlich mit einer Gabel kräftig durchrühren. Dauer ca. 5 Std.

Zum Servieren 10 min. antauen lassen. Eislöffel in heißes Wasserbad tauchen. Im Weinglas servieren. Als Garnitur die Karottenwürfel obenauf und diese mit dem kräftigen Honig beträufeln.

Mai

Zander auf cremigen Linsen mit 5- Minuten-Bärlauch-Pesto

*

Rücken vom Maibock in Wacholderrahm,
geschmorte Frühlingsgemüse und Maronenpüree

*

Pannacotta mit Tonkabohne auf Erdbeer-Rhabarber-Minze

Der Mai ... macht seinem Beinamen „Wonnemonat" alle Ehre! Hat er doch kulinarisch so viel zu bieten, was direkt frisch vor unserer Haustüre wächst. Im Garten gibt es nach den Frühlingskräutern jetzt auch das erste Gemüse und alle warten auf die heimischen Früchte, die hier zuallererst aus der wärmeren Bodenseeregion zu uns finden. In der Landwirtschaft herrscht reges Treiben auf Feldern und Wiesen, auch das Grünland wird dauerbearbeitet. Dem Gras kann man sprichwörtlich beim Wachsen zusehen.

Die Jäger freuen sich auf den Mai, denn da geht wieder die Bockjagd los und beschert uns das wirklich einzige heimische Fleisch aus garantierter Freilaufhaltung.

Bei den Fischen ist jetzt auch der Zander wieder wild zu fangen. Wir bilden diese Spezialitäten in unserem Menü im Mai ab. Nicht zuletzt, da jetzt auch traditionsgemäß viele Familienfeiern stattfinden und sich diese Gerichte hervorragend für Festivitäten eignen.

Warum nicht einmal ganz regional Speisen zu diesen besonderen Anlässen?

Guten Appetit!

Zander auf cremigen Linsen mit Bärlauch-Pesto

Für 4 Personen
Zubereitungszeit: 35 min.

100 g Linsen
1 Zwiebel, weiß
2 EL Butter
100 ml Sahne
50 ml trockenen Weißwein
Salz, Pfeffer, Muskat
1 Spritzer Weißwein-Balsamicoessig
etwas Gemüsebrühe zum Aufgießen
2 EL feingewiegte Petersilie
Wasser
4 Zanderfilets à ca. 100 g
1 EL Zitronensaft
Salz
3 EL Olivenöl zum Anbraten

Für die Panade:
4 EL Mehl, 1 verquirltes Ei, 4 EL
etwas Semmelbrösel

Für das 5-Minuten-Bärlauch-Pesto:
80 g Bärlauchblätter
3 EL bestes Olivenöl vergine extra
1 EL Kürbiskerne
etwas Salz

Garnitur:
4 Zitronenscheiben

Für die Linsen diese waschen, auf Steinanteile kontrollieren, in ungesalzenem Wasser ca. 15 min. kochen, sie dürfen noch kernig sein. Dann abseihen. Zwiebel schälen, fein würfeln. In Butter anschwitzen, mit Weißwein ablöschen. Mit Sahne cremig einkochen, Linsen dazugeben, aufkochen und mit Salz, Pfeffer und Muskat würzen, mit Essig abschmecken. Gegebenenfalls mit der Brühe die Konsistenz regulieren. Petersilie untermischen.

Zanderfilets entgräten, von der Haut befreien. Mit Zitronensaft jeweils beidseitig bepinseln, salzen. Dann in Mehl, dann im Ei und schließlich in den Semmelbröseln wenden, andrücken und abschütteln. Filets im Öl kurz beidseitig ausbacken.

Bärlauchblätter kalt waschen und in einer Salatschleuder trockenschleudern. Die Blätter grob hacken und mit Öl, Salz und den Kürbiskernen in einem ausreichend großen Mörser (ersatzweise mit dem Pürierstab) zügig zu grünem Pesto verarbeiten.

Anrichten: Die cremigen Linsen auf die Tellermitte, den Zander obenauf legen und wenig Pesto auf das Filet. Mit Zitronenscheibe garnieren.

Rehrücken vom Maibock in Wacholderrahm, geschmorte Frühlingsgemüse und Maronenpüree

Für 4 Personen
Zubereitungszeit: 90 min.

Für das Reh:
400-500 g Rehrücken pariert, ohne Knochen
Salz, Pfeffer
Kümmelpulver
4 Wacholderbeeren
1 EL Sonnenblumenöl
2 EL geklärte Butter (ersatzweise Sonnenblumenöl)
2 EL feinen Senf

Für den Wildfond:
(ersatzweise fertigen Bio-Wildfond):
300 g Wildknochen, gehackt
3 EL Sonnenblumenöl
½ Karotte
¼ Knollensellerie
1 Zwiebel
2 Knoblauch ungeschält, angedrückt
5 schwarze Pfefferkörner
3 Wacholderbeeren
1 Nelke
2 Lorbeerblätter
3 Pimentkörner
300 ml Rotwein
200 ml leichte Gemüsebrühe

Für die Sauce:
2 EL Butter
5 Wacholderbeeren angedrückt
1 Schuss Gin (alkoholfreie Alternative z.B. Orfeo 0.0)
200 ml Sahne
Salz, Pfeffer, etwas Chilipulver

Für das Schmorgemüse:
1 Kohlrabi, geschält, in 5 mm Scheiben geschnitten
2 Karotten, geschabt, längs in 5 mm Scheiben geschnitten
4 Frühlingszwiebeln
1 EL Butter
1 EL Olivenöl
8 Korianderkörner
Salz, Pfeffer

Für das Maronenpüree:
1 Packung gekochte Maronen
50 ml Rinderbrühe
30 ml Sahne
Salz, Pfeffer, Muskatnuss
1 Messerspitze Chili
60 g Butter

Zuerst den Wildfond für die Sauce zubereiten. Das Backrohr auf 200 °C (Ober-/Unterhitze) vorheizen. Die Knochen in einem Bräter im Öl scharf anbraten. Das Gemüse würfeln, Salz und Gewürze dazugeben, im Backrohr ca. 20 min. unter mehrmaligem Wenden rösten. Mit Rotwein ablöschen, dann Brühe dazugeben und ohne Deckel weitere ca. 30 min. im Rohr braten. Bei Bedarf etwas Brühe nachgeben.

Zwischenzeitlich das Schmorgemüse schneiden und bratfertig machen.

Auch das Maronenpüree vorbereiten. In der Rinderbrühe aufkochen, Sahne zugeben und sobald die Maronen ganz weich sind, den Topf mit Deckel vom Herd nehmen.

Inzwischen den Rehrücken waschen, trockentupfen. Die Gewürze mit dem Salz im Mörser zerstoßen. Das Fleisch mit Öl einpinseln, dann die Gewürzmischung einmassieren. Den Ofen auf 180 °C schalten. In einer großen ofentauglichen Pfanne mit Metallstiel das Fleisch in der geklärten Butter kräftig rundum anbraten. Vom Herd nehmen, das Fleisch rundum mit dem Senf bestreichen. Fleisch in der Pfanne im Ofen auf eine Schiene über den Bräter geben. Idealerweise ein Thermometer mittig in die dickste Fleischstelle stecken. Das Fleisch entnehmen, wenn es 50 °C erreicht hat, nach etwa 20-25 min. Dann in Folie wickeln und 10 min. ruhen lassen. Den Bratenansatz mit Fleischsaft zur weiteren Saucenbereitung in der Pfanne belassen.

Inzwischen machen wir alle anderen Zutaten fertig.

Nun als Erstes den Bräter aus dem Ofen nehmen, mit einem Schöpflöffel die Knochen und das Gemüse entnehmen. Den Rest durch ein dünnes Sieb in einen Topf geben. Den Fond bei offenem Topf auf ca. 100 ml reduzieren.

Nun Maronenpüree fertigstellen:
Alle Zutaten mit den Gewürzen und der Butter in einen Pürierbecher oder Mixer geben und fein pürieren. Abschmecken und wieder im Topf mit Deckel warmhalten.

Schmorgemüse mit allen Zutaten in einer Pfanne mit Deckel anbraten ca. 10 min. schmoren lassen. Abschmecken mit Salz und Pfeffer.

Sobald der Rehrücken in Alufolie ruht, schwenken wir in der Pfanne mit dem verbliebenen Bratensatz die angedrückten Wacholderbeeren in Butter an. Wenn die Butter aufschäumt, löschen wir mit Gin ab und gießen sogleich den Wildfond auf. Kräftig aufkochen, dann die Sahne zugeben und bei kleiner Hitze leicht sämig einkochen. Mit Salz, Pfeffer und Chili abschmecken.

Nun das Fleisch aus der Folie auf ein Tranchierbrett geben, dabei den Fleischsaft in die Wacholdersauce geben. Das Püree auf vorgewärmte Teller verteilen, das Schmorgemüse nebenan, den Rehrücken in 2 cm dicke Scheiben schneiden und auf den Teller geben. Dann die Rahmsauce teils über das Fleisch geben.

Sofort servieren.

Vespa
AS

Pannacotta mit Tonkabohne auf Erdbeer-Rhabarber-Minze

Für 4 Personen
Zubereitungszeit: 20 min. +
4 Std. Kühlzeit

100 g Wasser
2 g Agar-Agar
300 g Sahne
25 g Zucker
½ TL Tonkabohnenpulver

Für die Fruchtsauce:
200 g Rhabarber
50 g Zucker
50 ml Wasser
1 EL Rotweinessig
etwas Bio-Zitronenschale, geraspelt
1 Handvoll frischer Minze, davon 4 Blätter zum Garnieren zurückbehalten
12 Erdbeeren

Wir machen unser Pannacotta mit veganem Geliermittel, einem reinen Agar-Agar. Das schmeckt hervorragend.

Das Agar-Agar zusammen mit kaltem Wasser in einem Topf mit dem Rührbesen klumpenfrei verrühren, dann auf den Herd stellen. Sobald sich das Agar-Agar aufgelöst hat und heiß wird, die Sahne mit dem Zucker und dem Tonkabohnenpulver hinzufügen und aufkochen. Unter Rühren 15 Minuten köcheln lassen. In kalt gespülte Gläser füllen, dabei noch 3 cm Rand für die Sauce frei lassen.

Für die Fruchtsauce den Rhabarber waschen, Fasern abziehen und in gleichmäßige Würfel schneiden. Mit Wasser, Zucker, Zitronenabrieb und der Minze vermischen und in einem Topf mit Deckel köcheln lassen. Bevor die Stücke zerfallen, ⅓ des Rhabarbers mit einem Schaumlöffel entnehmen und beiseite stellen. Den Rest weiterkochen ohne Deckel und die Flüssigkeit auf die Hälfte reduzieren. Dann die Minze entnehmen und den Rhabarber zusammen mit der Hälfte der Erdbeeren pürieren. Die restlichen Erdbeeren vierteln und mit den übrigen Rhabarberstücken unter das Püree mischen. Kaltstellen.

Vor dem Servieren auf die Pannacotta in die Gläser geben. Mit frischer Minze garnieren.

Juni

Allgäuer Frühsommer-Gazpacho, eisgekühlt

*

Medaillons vom Weiderind mit grünem Spargel,
Sauce Béarnaise und Frühkartoffeln

*

Gebackener Pfirsich auf Kirschkompott
mit Amarettoschaum

Der Juni

Gewöhnlich der wetterbeständigste Monat bei uns im Allgäu, die richtige Zeit für Sommerfeste und das Tafeln an lauen Sommerabenden im Garten. Der früher so wichtige Johannistag am 24. Juni kurz nach der Sommer-Sonnwende, ist seit jeher ein Wendepunkt im Bauern- und Gärtnerjahr. Wenn es beispielsweise auf die Getreideernte zugeht, ist das Wetter der letzten Reifeperiode von entscheidender Bedeutung für die Qualität und den Ertrag. Es heißt jetzt auch Abschied nehmen von Spargel und Rhabarber als saisonalem Gemüse für fast ein ganzes Jahr, oft auch als „Spargelsilvester“ bezeichnet. Dafür erscheinen neue Zutaten auf unserem Speiseplan, neben vielen Gemüsen nicht zuletzt auch die nach Johannis benannte Johannisbeere. Oder die Süßkirsche, die Königin unter den saisonalen Obstspezialitäten!

Die ersten Kartoffeln können jetzt auch schon bei uns geerntet werden. Eine empfehlenswerte sehr frühe Sorte ist beispielsweise „Finka“, die es jahreszeitlich fast mit allen Flug-Importkartoffeln dieser Welt aufnehmen kann, geschmacklich und unter Nachhaltigkeitsaspekten allemal.

Beim Fleisch steht unser heimisches Rind im Mittelpunkt. Es muss nicht immer nur das Filet sein, aus dem Medaillons gewöhnlich geschnitten werden. Wir empfehlen dieses Mal das Bürgermeisterstück vom Weiderind. Früher war dieses besonders zarte und saftige Stück den städtischen und kirchlichen Würdenträgern vorbehalten. Daher der Name Bürgermeisterstück, Pastorenstück oder auch Pfaffenstück.

So finden sich in diesem Monat wieder viele regionale Spezialitäten in unserem Kochtopf.

Allgäuer Frühsommer-Gazpacho, eisgekühlt

Für 4 Personen
Zubereitungszeit: 20 min. +
20 min. Kühlzeit

½ Gurke (etwas für die Garnitur würfeln und zurück behalten)
½ rote Paprika
1 Tomate
2 Pfefferminzblätter
1 kleine weiße Zwiebel
100 ml Tomaten-Concassée
1 Knoblauchzehe geschält
1 EL Semmelbrösel
etwas Salz, 1 Prise Chili
etwas geriebene Bio-Zitronenschale
½ TL Honig
frischgemahlenen Muscat
2 EL Rotweinessig

Zum Servieren:
3 EL gutes Olivenöl vergine extra
4 EL geröstete Brotwürfel
glatte Petersilie zum Garnieren

Alle Zutaten in einem kräftigen Mixer pürieren. Bei Bedarf etwas Wasser zugeben, die Suppe dickt nach.

Mindestens 1,5 Std im Kühlschrank kalt stellen oder 20 min. ins Eisfach.

Zum Servieren:
Kleine Brotwürfel in wenig Olivenöl rösten. Zum Servieren die Suppe mit Pfeffer und Salz abschmecken, auf den Teller geben und mit den gerösteten Croutons und der gewürfelten Gurke garnieren. Zum Schluss noch reichlich gutes Olivenöl darüber geben. Kalt servieren.

Zur Suppe trinkt man keinen Wein? Normalerweise stimmt das. Hier zur kalten Gazpacho passt jedoch beispielsweise ein guter trockener Müller-Thurgau vom Bodensee mit feiner Säure ganz hervorragend.

Medaillons vom Weiderind mit grünem Spargel, Sauce Béarnaise und Frühkartoffeln

Für 4 Personen
Zubereitungszeit: 60 min.

Fleisch vorbereiten:
4 Rinder-Medaillons, z. B. vom Bürgermeisterstück, 3 cm dick, 4 Std. zuvor aus dem Kühlschrank nehmen
3 EL Olivenöl, Kümmelpulver, Rosmarin

Für das Kurzbraten:
2 EL Olivenöl
Salz, Pfeffer
1 Knoblauchzehe in der Schale

Spargel:
12-16 Stangen Grünspargel, je nach Stangendicke
Salzwasser

Für die Kartoffeln:
8 mittelgroße vorw. feste Kartoffeln
2 EL Butter
Salz
1 EL gehackte Petersilie

Für die Sauce:
2 Schalotten, gewürfelt
1 Zweig frischen Estragon
2 weiße Pfefferkörner
etwas Salz
200 ml trockenen Weißwein
3 Eigelb
1 TL Zitronensaft
120 g Butter
1 EL frischen Estragon, feingewiegt

Zuerst etwa 4 Std. vor Verwendung das Fleisch zum Temperieren aus dem Kühlschrank nehmen. Die Medaillons schon jetzt mit etwas Kümmelpulver und Rosmarin würzen (nicht salzen!) und in einem engen Gefäß rundum mit Olivenöl benetzen. Zugedeckt bei Zimmertemperatur stehen lassen. Das Olivenöl ist nicht nur Geschmacksträger, es macht die Fleischfasern auch zart. Die üblicherweise bereits in Gewürzmischungen enthaltenen Zartmacher haben in unserer Küche keine Verwendung. Qualität benötigt Zeit und Geduld.

Nun zuerst die Kartoffeln vorbereiten. Diese waschen und in der Schale in leichtem Salzwasser gar kochen. Da Frühkartoffeln noch nicht sehr schalenfest sind, diese immer in der Schale vorkochen. Noch warm pellen und abkühlen lassen. Etwa 20 min. vor dem Servieren mit Salz und Petersilie in Butter unter Schwenken anbraten, bis sie leicht gebräunt sind.

Für den Spargel den Grünspargel nur im unteren Drittel schälen. Enden kurz abschneiden, Spargel waschen, beiseite stellen. Eine passend große Pfanne mit reichlich gesalzenem Wasser aufkochen. Den Spargel erst 15 min. vor dem Servieren einlegen, aufkochen, Pfanne vom Herd nehmen bis zur Verwendung.

Für die Sauce zuerst Schalotten, Estragonzweig, Salz, Pfefferkörner und Weißwein aufkochen und auf 50 ml Reduktion einkochen lassen. Durch ein Sieb geben und abkühlen lassen. Inzwischen die Butter in einer Stielkasserolle langsam auf gut 40 °C erhitzen. Nun die Estragonreduktion mit den Eigelb und dem Zitronensaft in eine abgerundete Metallschüssel geben und verrühren. Einen zur Schüssel passenden Topf mit Wasser für ein ca. 90 °C. heißes Wasserbad erhitzen. Das Wasser soll die auf den Topf gestellte Schüssel gerade erreichen, aber nicht überschwappen Nun unter ständigem Rühren mit dem Rührbesen („einen Achter schlagen") die Eimasse bis zur Bindung aufschlagen. Nicht zu heiß, sonst fällt das Eiweiß aus. Wenn der Schaum zu binden beginnt, die gut warme, aber keinesfalls kochende Butter, langsam unter ständigem Rühren eingießen.

Achtung: Das Butterfett bindet, die abgesetzte Buttermolke verflüssigt die Sauce. Molke übriglassen, wenn die Sauce zu flüssig wird. Sobald die für eine Buttersauce typisch sämige Bindung beginnt, den Topf vom Herd und auch die Schüssel vom Topf nehmen. Noch weiterrühren, bis sich die Temperatur gesenkt hat. Mit Salz und wenig Zitronensaft abschmecken. Zum Schluss frischen Estragon unterrühren. Der Geschmack lohnt die Mühe!

Als Letztes die Medaillons im Öl unter Beigabe des ungeschälten Knoblauchs beidseitig kurz und kräftig anbraten (medium rare, etwa 4-5 min. auf der ersten Seite und 2 min. nach dem Wenden), dann salzen und pfeffern.

Gleich auf vorgewärmte Teller anrichten. Zuerst die Kartoffeln, dann den Spargel (gut abtropfen lassen), dann die Medaillons und schließlich die Sauce Béarnaise.

Gebackener Pfirsich auf Kirschkompott mit Amarettoschaum

Für 4 Personen
Zubereitungszeit: 25 min.

2 reife Pfirsiche (gewaschen, halbiert, entsteint)
etwas Mehl zum Bestäuben
2 EL Kokosöl nativ

Für das Kirschkompott:
100 g frische Süßkirschen, aufgeschnitten und entsteint
30 g Vollrohrzucker
60 ml Kirschsaft (ersatzweise Orangensaft)
½ TL Kartoffelstärke
1 Prise Kardamompulver

Für den Amarettoschaum:
2 Eigelb
50 ml Amarettolikör
2 EL Zucker
etwas Zimt

Zuerst das Kirschkompott zubereiten. Dazu Saft, Zucker und Stärke verrühren und unter ständigem Rühren erhitzen. Sobald die Stärkebindung eintritt, die Kirschen zugeben und noch einmal kurz aufkochen, vom Herd nehmen, nochmals umrühren. Die gewünschte dicklich-flüssige Konsistenz evtl. mit Wasserzugabe regulieren.

Für die Pfirsiche diese in 5 mm dicke Scheiben schneiden und leicht mit Mehl bestäuben. Im Kokosöl beidseitig ausbacken.

Für den Schaum alle Zutaten in eine unten abgerundete Metallschüssel geben und im heißen Wasserbad zur Rose aufschlagen (s. Fachausdrücke). Warm servieren.

Zum Anrichten einen Schaumspiegel in die Tellermitte geben, die Pfirsiche noch warm dazugeben, das Kirschkompott daneben geben und mit dem restlichen Amarettoschaum verbinden. Nach Belieben mit Puderzucker oder Kakao bestäuben.

Gut zu wissen ... Die Welt der Gewürze

Jede Kochkultur dieser Welt hat ihre ganz speziellen Zutaten und Zubereitungsmethoden. Im Mittelpunkt stehen stets die typischen Gewürze der jeweiligen Region. Einst hatten viele Gewürze auch religiös-rituellen Status. Schon vor Jahrtausenden gab es bereits Austausch, Handel und sogar Kriege um Gewürze. Der Wohlstand ganzer Nationen gründet zum Teil noch heute auf dem Vorkommen dieser wertvollen Naturprodukte.

Denn viele von ihnen, wie die Vanille, Pfeffer, Muskatnuss, Ceylon-Zimt oder Cassia-Zimt erhalten ihren Geschmack nur durch die ganz spezifischen klimatischen Gegebenheiten in ihrer Region. Die Menschen vor Ort haben in Jahrhunderten die Kenntnisse erworben, diese Pflanzen entsprechend zu kultivieren und weiterzuverarbeiten. Somit sind viele im sprichwörtlichen Sinne „einzigartig", auch wenn sie heute überall zu erhalten sind. Ein typisches Gewürz aus unserer Region neben vielen weiteren ist beispielsweise die Wacholderbeere, die viele unserer traditionellen Gerichte erst schmackhaft und einzigartig macht.

Gewürze ermöglichen Vielfalt und Abwechslung in den Rezepten und Zubereitungen. Sie sind Stimmungsmacher im wahrsten Sinne des Wortes und wirken auf unsere Psyche, verbinden uns mit Jahreszeiten, rufen Erinnerungen und Gefühle hervor. In unserer eigenen Küche gibt es direkt unter dem Herd Schubladen mit über einhundert unterschiedlichen Gewürzen und Kräutern. Alle auf einen Blick jederzeit griffbereit. Daraus ergeben sich unendlich viele Kombinationen, damit ist jedes Essen einmalig und einzigartig. Wenn wir verreisen, nehmen wir die wichtigsten Gewürze mit, weil wir auf ihre Qualität nicht verzichten wollen. Im Rückgepäck sind dann auch immer neu entdeckte Gewürze aus dem Reiseland.

Ich möchte Sie ermutigen, sich eine große Auswahl an guten Gewürzen zuzulegen. Achten Sie auf die Qualität! Verwenden Sie vorrangig Bio-Gewürze, damit Sie auch echte Naturprodukte erhalten. Empfehlungen erhalten Sie am Ende des Buches. Probieren Sie aus, seien Sie kreativ und mischen Sie Ihre eigenen Gewürzmischungen, anstatt fertige zu verwenden.

Wenn Sie einmal in die Welt der Gewürze eingetaucht sind, werden Sie begeistert sein. Die weite Welt in hundert Dosen – jede Mahlzeit verbindet uns mit der großen Welt. In unserem Garten kultivieren wir neuerdings Safran in kleinen Mengen. Bei unserem Klima ein Phänomen. Ganz ehrfürchtig machen wir daraus Safranrisotto, Bouillabaisse, Paella und sonstige Safrangerichte. Darauf sind wir ebenso stolz wie auf andere exotische Kulturen im Garten. Der Klimawandel macht es möglich – heute ist selbst im Allgäu der Anbau eigener Zitrusfrüchte, von Ingwer, Zitronengras und Kurkuma, Thaibasilikum, Lorbeer und sonstigen exotischen Kräutern und Gewürzen möglich. Wir heißen auch diese Neuzugänge herzlich willkommen. Sie bereichern unsere Kultur. Somit sind Global, Regional und Lokal schon lange keine Gegensätze mehr.

Juli

Brotsalat aus dem Garten querbeet

*

Frische Tagliatelle mit Zuckererbsenschoten, Kirschtomaten und Sommertrüffel

*

Geeiste Joghurtterrine auf Himbeermark

Der Juli

Endlich Sommer, oft sogar als „Hochsommer" betitelt. Südliches Lebensgefühl selbst in unserer sonst eher rauhen Region, das Leben spielt sich meist draußen ab. Manche Küche wird in Form eines Kugelgrills an den Badesee verlegt. In der Natur geht es ans Ernten, Wetterberichte haben Hochkonjunktur. Beginnt doch spätestens jetzt mit der Wintergerste die Ernte des Getreides, das bei uns wie auch der Mais wieder vermehrt bis in höhere Lagen angebaut wird. Hochsaison für alle Landwirte, auch für unsere Milchbauern. Omaden ist angesagt, lange Loreien durchziehen die Allgäuer Wiesen. Nach der Mahd duftet es nach frischem Heu – für wenige Tage. Aber überall duften jetzt auch die imposanten Lindenbäume, besonders kräftig die Sommerlinden. Die Bienen sind ganz von Sinnen und sammeln ihre Blütenpollen in Höchstleistung.

Im Garten sind nun Salate und Sommergemüse so zahlreich, dass der Speiseplan am besten bei einem Gang durch den Gemüsegarten ganz spontan entschieden wird. Was gerade geerntet werden will, kommt in den Topf. Kartoffeln können auch später noch geerntet werden, die Zucchinis sind jung am besten. Und Tomaten bilden jetzt eine tägliche Zutat. Die jungen Zuckererbsenschoten sind eine oft verkannte Delikatesse und lösen bei uns saisonal den Spargel ab. Endlich sind jetzt auch die feinen Sommertrüffel zu haben. Und Beeren gilt es noch frisch zu genießen, solange es sie noch gibt.

Wir halten unser Sommermenü leicht, sommerlich frisch und einfach. Beim kurzen Allgäuer Sommer sollte man nicht zu lange in der Küche verweilen ...

Brotsalat aus dem Garten querbeet

Für 4 Personen
Zubereitungszeit: 15 min.

4 Scheiben altbackenes hartes Brot
etwas Wasser
1 rote Zwiebel
ca. 200 g Kirschtomaten
½ Salatgurke
½ Fenchelknolle
½ Stange Staudensellerie
1 rote oder gelbe Paprika
1 TL frischen oder ½ TL getrockneten Oregano
4 frische Pfefferminzblätter
Meersalz, Pfeffer
1 TL scharfen feinen Senf
½ TL Honig
4 EL Rotweinessig
4 EL bestes Olivenöl
ca. 4 EL Wasser (abhängig vom Gemüse)

Das Brot in Würfel schneiden, leicht mit Wasser beträufeln und zwischenzeitlich einweichen lassen. Die Zwiebel und den Fenchel in sehr feine Scheiben schneiden, zusammen mit Essig bedecken und ziehen lassen. Alle anderen Zutaten in mundgerechte Stücke schneiden. Zwiebel, Fenchel und Essig in einer Salatschüssel mit Senf, Salz, Pfeffer, Honig, Oregano und Öl mischen. Alle Zutaten unterrühren, auch das Brot 20 min. ziehen lassen. Nachwürzen, fertig.

Tipp: Sehr gut passen frische grüne Bohnen dazu, als einziges gekochte Gemüse im Salat benötigt dies jedoch etwas mehr Vorbereitung. Bohnen in reichlich Salzwasser kochen, dann eiskalt abschrecken. Mundgerecht geschnitten zum Salat geben.

Dieses Rezept haben wir aus der Toskana mitgebracht und für unsere Region adaptiert.

Frische Tagliatelle mit Zuckererbsenschoten, Kirschtomaten und Sommertrüffel

Für 4 Personen
Zubereitungszeit: 40 min. incl. Teigbereitung

Für die Pasta einen Teig zubereiten (ersatzweise fertige frische Tagliatelle, hier gibt es im Bioladen eine sehr gute Auswahl);
200 g Hartweizenmehl
2 Eier, 20 ml Olivenöl
Prise Salz
Mehl zum Teigausrollen

Für die Sauce:
200 g Zuckerschoten
30 g Butter
1 Zwiebel, geschält, gewürfelt
1 Knoblauchzehe, geschält, gepresst
4 ganze Kirschtomaten
250 ml Sahne
100 ml Geflügel- oder Gemüsebrühe
50 g Walnüsse, grob gehackt
Salz, Pfeffer, etwas Chili
1 kleinen frischen Sommertrüffel
etwas gehobelter alter Bergkäse

Für die Pasta alle Zutaten bei Zimmertemperatur in einer Küchenmaschine ausgiebig kneten. Zur Kugel formen, in Küchenfolie einwickeln und 30 min. bei Zimmertemperatur ruhen lassen. Teig auf einer mehlierten Oberfläche sehr dünn und gleichmäßig ca. 2 mm ausrollen. In ca. 1 cm breite Streifen schneiden und – nur kurz – antrocknen lassen. Erst kurz vor dem Anrichten in reichlich kochendes Salzwasser geben.

Walnüsse in einer Pfanne leicht anrösten.

Zwiebel in Butter andünsten, Knoblauch, Zuckerschoten und Kirschtomaten zugeben. Kurz anbraten, pfeffern und Chili zugeben, dann mit der Brühe aufgießen. Kräftig aufkochen, dann Sahne hinzugeben. Schließlich ⅓ des Trüffels mit dem Hobel in die Sauce geben, die Walnüsse zugeben und umrühren. Salzen.

Die gekochten Pasta nun vorsichtig unter die Sauce heben. Auf vorgewärmte Teller verteilen, den Trüffel mit dem Trüffelhobel obenauf verteilen. Mit dem Spargelschäler einige Streifen von Käse auf die Pasta hobeln.

Heute:
Ziegen-
Joghurt
mit
Himbeeren
und
Sahne

Geeiste Joghurtterrine auf Himbeermark

Für 4 Personen
Zubereitungszeit: 15 min. +
3 Std. Kühlzeit

225 g Heumilch-Joghurt, natur
35 g Puderzucker
2 EL bittere Orangenmarmelade
2 Blatt weisse Gelatine
180 ml Sahne
1 cl Grand Marnier
1 Aluform, 0,5 l (wenn nicht vorhanden, den/die MetzgerIn fragen)

Für die Sauce:
100 g frische Himbeeren
8 Himbeeren für die Garnitur
1 TL Zitronensaft
etwas Puderzucker für die Garnitur

Die Sahne nicht zu steif schlagen. Für die Terrine die Gelatine in etwas kaltem Wasser 5 min. einweichen. Den Likör leicht erwärmen und die Gelatine darin schwenken bis diese vollständig gelöst ist. Joghurt, Puderzucker und Marmelade verrühren, dann die Sahne unterheben. Die Aluform kalt ausspülen, die Masse hineingeben. Mit Folie abgedeckt 2 Std. in den Kühlschrank stellen. Dann noch 1 Std. vor dem Servieren in die Tiefkühlung.

Zum Anrichten die Terrine umgedreht auf ein Schneidebrett legen. Zum Stürzen die Kante mit einem Finger festhalten und kurz heißes Wasser über die Terrine laufen lassen. Dabei das Brett schräg halten, damit das Wasser ablaufen kann. Nach knapp 1 min. löst sich die Terrine. Aluform abheben, in Scheiben schneiden, jeweils mit einer Küchenspachtel auf den Tellern anrichten.

Für die Sauce beide Zutaten vermischen und pürieren. Durch ein Spitzsieb die Kerne aussieben. Beim Anrichten auf die Terrine geben. Garnieren mit ganzer Himbeer und etwas Puderzucker. Ein köstlich erfrischendes Sommergericht.

August

Ochsenherz-Schmortomate auf Spinat
mit geschmolzenem Heumilch-Mozzarella

*

Gefüllte Ziegenkitzkeule mit Pfifferlingen
auf buntem Garten-Ratatouille

*

Heidelbeer-Nussschmarrn auf Holunder-Zwetschgen

Der August

Viele Felder sind gerodet, bei abendlichen Spaziergängen beginnt das Licht schon leicht golden zu leuchten. Der Morgentau bleibt morgens etwas länger liegen. Im Garten erfolgt bereits früh die Vorbereitung auf das Wintergemüse, Kohlsorten werden jetzt schon gesät, Spinat und Feldsalat sind nun die ersten Boten einer kälteren Zeit. Zum Glück kommt aber noch viel Frisches direkt aus dem Garten in unseren Kochtopf. Hat doch gerade jetzt die Tomate ihre Hochsaison. Mit ihrer Sorten- und Geschmacksvielfalt hat sich dieses Nachtschattengewächs still und heimlich in unsere Kochtöpfe geschlichen und ist heute nicht mehr wegzudenken. Eine besondere Spezialität ist das Ochsenherz, dem wir hier ein leckeres, einfaches Gericht widmen.

Auch Pilzfreunde kommen spätestens jetzt auf den Pfifferling, der neben anderen Ess-Pilzen auch bei uns heimisch ist, auch wenn er sich doch ziemlich rarmacht. Schön, wenn man sein Vorkommen in den Wäldern kennt und dies sorgsam für sich behält. Wir kombinieren ihn mit einer anderen Spezialität, die bei uns etwas in Vergessenheit geraten ist – der „Kuh des kleinen Mannes". Früher aufgrund ihrer Genügsamkeit und wertvollen Milch, aber auch für ihr schmackhaftes, gesundes Fleisch war die Ziege auch bei uns weit verbreitet. Allmählich ist sie insbesondere auf Biohöfen wieder sichtbar und wertgeschätzt.

Jetzt, wenn der erste Holunder schwarz an den Büschen hängt, werden wir auch ihn mit anderen Zutaten verwenden.

Ochsenherz-Schmortomate auf erntefrischem Blattspinat mit geschmolzenem Heumilch-Mozzarella

Für 4 Personen
Zubereitungszeit: 15 min.

1 reife Ochsenherz-Tomate (ca. 300 g)
2 EL Olivenöl
Salz, Pfeffer
½ Zwiebel, geschält, gewürfelt
½ Knoblauchzehe, geschält, gepresst
3 EL bestes Olivenöl
3 Handvoll frischen Blattspinat
Muskat, Salz, Pfeffer
⅛ frische rote Chilischote, kleingeschnitten
2 Mozzarella-Käse
Würfel aus 4 Scheiben Weißbrot

Brotwürfel knusprig rösten.

Spinat gründlich kalt waschen, Stiel-Enden abschneiden. Grob zerkleinern. Die Tomate quer halbieren. Jede Hälfte nochmals in 2 - 3 relativ dicke Scheiben schneiden. In Olivenöl kurz beidseitig anschmoren, so dass sie noch nicht zerfallen. Salzen, pfeffern. Beiseite stellen.

Zwiebel mit Olivenöl andünsten, Spinat und Knoblauch zugeben. Kurz mit Deckel andünsten, bis die Struktur zerfällt. Mit Muskat aus der Mühle, etwas Chili und Salz würzen. Es darf noch Spinatsaft vorhanden sein.

Spinat auf 4 Suppenteller verteilen. Die Tomaten darauf drapieren, je eine halbe Kugel Mozzarella (ca. 50 g) in Scheiben geschnitten auf die Tomaten legen. Die Restflüssigkeit von Spinat und Tomatenschmelz um den Spinat geben.

Bei 200 °C mit Oberhitze auf der zweitobersten Schiene kurz cremig schmelzen lassen.

Mit grobem Salz und Pfeffer bestreuen, mit Brotwürfel noch heiß auf Untertellern servieren.

Gefüllte Ziegenkitzkeule mit Pfifferlingen auf buntem Garten-Ratatouille

Für 6 Personen
Zubereitungszeit: 80 min.

Für die Keule:
1 Hinterkeule vom jungen Ziegenkitz, ausgelöst
Knochen davon (vom Metzger gehackt)
2 weiße Zwiebeln, gewürfelt
120 g Wurzelgemüse, gewürfelt
3 reife Tomaten
2 EL Olivenöl
etwas Rosmarin, etwas frischen Thymian jeweils kleingeschnitten
80 g Ziegenfrischkäse
Salz, Pfeffer, Chili, Muskat
300 ml Rotwein zum Angießen
Küchengarn zum Bratenbinden

Für die Sauce:
Knochen für den Bratenansatz, s. oben
2 EL Olivenöl
1 Lorbeerblatt
2 Pimentkörner
2 TL Tomatenmark 2-fach konzentriert
300 ml Rotwein zum Angießen

Pfifferlinge:
200 g Pfifferlinge, geputzt
2 EL Butter
Salz, Pfeffer

Ratatouille:
½ rote Paprika
kleine Zucchini
1 rote Zwiebel
1 Knoblauchzehe, geschält, gepresst
1 Rosmarinzweig
1 EL Olivenöl, Salz, Pfeffer

Backrohr auf 160 °C Unter-/Oberhitze vorheizen.

Fleisch parieren, also von Sehnen und Fettgewebe befreien. Innen und außen mit Salz und Pfeffer, Rosmarin und Thymian einreiben. Den Frischkäse mit Knoblauch, Salz, Pfeffer, Chili und Muskat mischen. Die Füllung in die aufgeklappte Keule geben, wieder schließen und mit einem Küchengarn schnüren.

In einem Bräter die Keule in Öl rundum braun anbraten, auf einem Teller beiseitelegen. Nun die Knochen im Bratenansatz kräftig anbraten. Zwiebeln und Wurzelgemüse zugeben, wenn dies gebräunt ist, das Tomatenmark unterrühren und ebenfalls kurz anrösten. Dann die Tomaten und die Gewürze, Salz und Pfeffer zugeben und den Wein aufgießen.

Das Fleisch obenauf legen und im Backrohr ca. 2 Std. schmoren. Dabei immer wieder Bratenfond über das Fleisch geben, damit dieses nicht trocken wird. Gargrad durch Anstechen mit der Nadel prüfen.

Nun für das Ratatouille das Gemüse in Öl mit Rosmarin anbraten, dabei die Zucchini erst 3 Minuten später zugeben. Paprika und Zucchini sollten noch knackig bleiben. Mit Salz, Pfeffer abschmecken.

Für die Pfifferlinge diese in Butter mit Salz und Pfeffer anschwenken und kurz mit Deckel durchbraten.

Wenn das Fleisch fertig ist, dieses aus dem Ofen nehmen und während der Saucenbereitung mit Alufolie bedecken, Fleischsaft dabei auffangen.

Die Knochen mit einem Sieblöffel entnehmen, Rest durch ein Spitzsieb geben. Die Sauce nochmals auf den Herd geben und auf max. 80 ml reduzieren. Den ausgetretenen Fleischsaft dazugeben.

Die Keule in 4 Teile tranchieren, das Ratatouille mittig anrichten, das Fleisch darauf setzen. Pfifferlinge daneben, einzelne als Garnitur auf das Fleisch. Mit Bratenfond rundum benetzen. Sogleich servieren.

Heidelbeer-Nussschmarrn auf Holunder-Zwetschgen

Für 4 Personen
Zubereitungszeit: 25 min.

Für den Schmarrn:
40 g frische Heidelbeeren, gewaschen
180 g Walnüsse, gehackt
60 g Dinkelmehl 630er
400 ml Milch
3 Eiweiß
3 Eigelb
50 g Rohrohrzucker
2 EL Butter zum Ausbacken
1 Messerspitze Bourbon-Vanille
Prise Salz
1 EL hellen Rohrzucker zum Karamellisieren
Puderzucker zum Bestreuen

Für das Kompott:
8 Zwetschgen
200 g reife Holunderbeeren
½ Zimtstange
3 Nelken, 2 Pimentkörner
60 g Rohrohrzucker

Für das Kompott die Zwetschgen waschen, halbieren und entsteinen. Alle Zutaten außer den Zwetschgen in einem Topf aufkochen und 10 min. köcheln lassen. Dann die Gewürze entnehmen, die Zwetschgen zugeben und zugedeckt weitere 5 min. simmern lassen. Ohne Deckel kaltstellen.

Backrohr auf 180 °C Ober-/Unterhitze vorheizen. Für den Schmarrn mit einem Schneebesen das Mehl mit den Nüssen, Milch, Vanille und den Eigelben glattschlagen. Eiweiß mit Zucker und einer Prise Salz steif schlagen und unter den Teig heben. Die Butter in einer ofentauglichen Pfanne erhitzen, Teig hineingeben und die Heidelbeeren auf die Masse verteilen.

Im Backrohr 15 min. backen, dann vierteln, wenden und weitere 10 min. backen. Backrohr auf Grillfunktion 220 °C schalten. Den Schmarrn mit 2 Gabeln in grobe Stücke reißen, den Kristallzucker überstreuen und unter dem Grill karamellisieren lassen.

Mit Puderzucker bestäubt mit Kompott servieren.

September

Klare Tomatenessenz
mit Nocken von rotem Basilikum
*
Bayerische Edelkrebse
auf Lauchrahm-Grünkernrisotto
*
Frisches Haselnusseis mit Kernöl
auf geschmolzenen Himbeeren

Der September

... läutet bei uns den Herbst ein. Es heißt allmählich Abschied nehmen von der Fülle des Sommers. Wie die Bauern die letzte Mahd einbringen, ist auch der Gartenkoch schon auf Vorratshaltung eingestimmt. Kräuter werden getrocknet, auch die ersten Apfelsorten sind reif und wandern in unterschiedlichen Rezepten in die ersten Vorratsgläser. Zunehmend wird eingefroren statt eingeweckt. Wir machen beides.

Endlich geht es auch regelmäßig raus in die Pilze. Für Kenner eine köstliche Bereicherung des Speiseplans. Aber ähnlich wie bei Wildkräutern gilt auch bei Pilzen: Nur Geübte dürfen und sollen sammeln! Mit der Natur ist nicht zu spaßen und es benötigt Anleitung und viel Übung, um Pflanzen sicher zu bestimmen. Empfehlenswert sind die regional angebotenen Pilz- und Wildkräuter-Lehrgänge, ein ebenso faszinierendes wie nützliches Wissensgebiet.

In unserem Menü lassen wir nochmals die Tomate in konzentrierter Form hochleben, stellen den seltenen heimischen Edelkrebs - der jeder Zuchtgarnele geschmacklich sprichwörtlich das Wasser abgräbt- in den Mittelpunkt und verwenden die ersten frischen Haselnüsse für ein leckeres Dessert. **Ebbes guats halt – lassedseichschmecka!**

Klare Tomatenessenz mit Nocken von rotem Basilikum

Für 4 Personen
Zubereitungszeit: 30 min. +
50 min. Kühlzeit

6 vollreife Tomaten
800 ml Rinderfond
3 angedrückte Wacholderbeeren
1 Lorbeerblatt
2 EL Weißweinessig
1 Prise Zucker
Salz, weißer Pfeffer aus der Mühle

Zum Klären:
2 Eiweiß
80 g gewürfeltes Suppengemüse

Nocken:
80 g Topfen
1 Eigelb
1 EL Butter, Zimmertemperatur
40 g entrindetes Weißbrot
2 EL frisches, geschnittenes rotes Basilikum
Salz, Pfeffer, Muskatnuss

Als Garnitur:
1 feste Tomate, 4 Blatt roten Basilikum

Beilage:
1 Scheibe Weißbrot

Die reifen Tomaten grob würfeln, Wacholder, Lorbeer und Rinderfond hinzugeben. 30 min. schwach köcheln lassen. Mit Salz, Pfeffer, Essig und Zucker abschmecken. 30 min. abkühlen lassen und 20 min. in die Tiefkühlung stellen.

In die kalte Brühe das Eiweiß und das Würfelgemüse geben und leicht verrühren. Nun auf den Herd geben und aufkochen, dabei nur wenig rühren. 5 min leicht sieden lassen. Dann über ein Tuch und Spitzsieb vorsichtig zu einer geklärten Brühe abgießen. Consommé nochmals abschmecken.

Für die Nocken die Butter schaumig rühren, dann das Eigelb unterrühren. Das entrindete Weißbrot kurz in Wasser einweichen, fest ausdrücken und kleingezupft zur Masse geben. Mit dem Topfen, dem Basilikum und Salz und Gewürzen gut verrühren. 15 min. ruhen lassen, danach sollte die Konsistenz pastös sein, evtl. mit wenig Semmelbrösel nachjustieren. Abschmecken. In schwach siedendem Salzwasser eine Probenocke kochen, sie soll luftig leicht werden. Dann die restliche Masse mit 2 Teelöffel zu Nocken formen und im siedenden Wasser festwerden lassen.

Die feste Garniturtomate häuten (Einritzen und mit heißem Wasser übergießen), dann halbieren und das lose Kernhaus entfernen. Jede Hälfte nochmals vierteln und die Tomatenstreifen auf die Suppenteller verteilen.

Die Nocken dazugeben und gleich mit heißer Consommé aufgießen. Garnieren mit einem Blatt rotem Basilikum, dazu Weißbrot servieren.

Bayerische Edelkrebse auf Lauchrahm-Grünkernrisotto

Für 4 Personen
Zubereitungszeit: 40 min. +
1 ½ Std. Grünkern

Für den Risotto:
8 Edelkrebse, lebend (ersatzweise 8 TK-Salzwassergarnelen)
2 grosse (ca. 200g) Tassen Grünkern
1 EL geklärte Butter oder Sonnenblumenöl
3 EL Butter
100 ml trockenen Weisswein und 400 ml Hühner- oder Gemüsebrühe (nur leicht gesalzen)
1 Stange Lauch, längs aufgeschnitten, ausgewaschen und in Scheiben geschnitten
2 Schalotten, gewürfelt
Salz, Pfeffer, Muskatnuss gerieben
125 ml Sahne
50 g Peccorino, gerieben
2 EL gehackte Petersilie

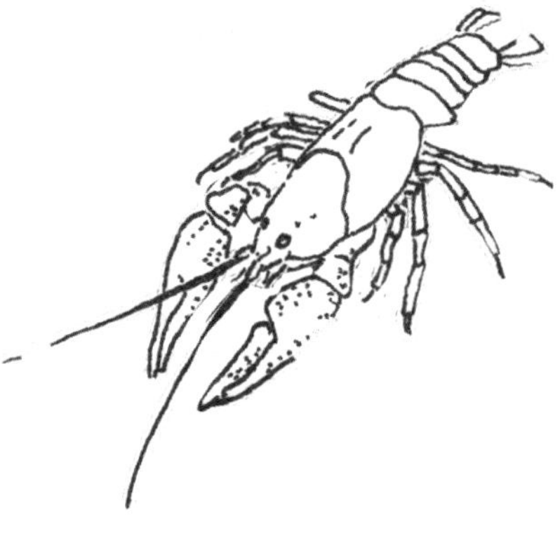

Den Grünkern (idealerweise im Schnellkochtopf) in etwas Gemüsebrühe weichkochen. Abgießen.

Einen großen Topf mit Salzwasser aufsetzen und das Wasser sprudeln lassen. Die lebenden Edelkrebse kalt abspülen. Dann nacheinander kopfüber in das sprudelnde Wasser geben. Das Wasser muss immer kochen.

Dann Topf vom Herd nehmen und mit Deckel 10 min. ziehen lassen. Danach die Krebse kalt abschwenken und schälen. In einem Topf die Schalen in Butter anrösten, mit Weißwein ablöschen, dann den Geflügelfond aufgießen und 20 min abgedeckt köcheln lassen. Durch ein feines Sieb geben und den Fond beiseitestellen.

Im Topf nun die gepulten Krebse kurz in Butter anschwenken, salzen, entnehmen und warmstellen. Im selben Gefäß den Lauch ebenso in Butter anschwitzen, den gekochten Grünkern zugeben, den Krebsfond und die Sahne aufgießen. Kräftig aufkochen lassen und mit Salz, Pfeffer und Muskat würzen. Den Pecorino unterrühren und abschmecken.

Auf vorgewärmte Teller nun den Risotto geben, je 2 Krebse obenauf legen und mit der Petersilie garnieren.

Frisches Haselnusseis mit Kernöl auf geschmolzenen Himbeeren

Für 4 Personen
Zubereitungszeit: 60 min. +
3 Std. Kühlung

160 g frisch geknackte Haselnüsse
200 ml Sahne
400 ml Vollmilch
6 Eigelb
110 g Zucker
200 ml Sahne
200 g frische Himbeeren (8 Beeren zum Garnieren beiseitelegen)
4 TL gutes Kernöl

Nüsse in der Pfanne ohne Fett kräftig rösten, im Mixer feinhacken. 200 ml Sahne und 400 ml Vollmilch aufgießen und 30 min auf 90 °C köcheln lassen. Einen Topf als Wasserbad aufstellen und das Wasser aufkochen. 6 Eigelb in runder Metallschüssel (passend zum Topf) mit 110 g Zucker verrühren. Die heiße Nussmilch durch ein feines Sieb geben, dann die gesiebte Milch unter Rühren auf die Eigelb-Zuckermischung geben und über dem heißen Wasserbad mit dem Schneebesen zur Rose abziehen. Im kalten Wasserbad kalt rühren und im Kühlschrank ganz auskühlen lassen.

Weitere 200 ml Sahne schlagen und unterheben. In der Eismaschine etwa 40 min rühren. 2 Stunden in die Tiefkühlung.

Für die Sauce die Himbeeren in einem kleinen Topf mit Deckel kurz aufkochen.

Das Eis auf kalte Teller portionieren, die Beerensauce dazu geben und jeweils 1 TL Kürbiskernöl über das Eis träufeln. Nach Belieben mit Minzblatt oder Puderzucker garnieren

Gut zu wissen …
Pflanzenfarbstoffe

Wussten Sie, dass Pflanzenfarbstoffe in unserer Ernährung eine ganz besondere Bedeutung haben?

Wenn es im Volksmund heißt

„Essen hält Leib`und Seel`zusammen“,

dann spielen hierbei weniger die gerne und oft gezählten Kalorien eine Rolle, als vielmehr auch die sekundären Pflanzenwirkstoffe. Kräftig gelb-rote, blaue oder grüne natürliche Farbstoffe von Carotinoide, Anthocyane und Chlorophylle sind wahre Wunderwerke der Natur. Häufig wirken sie als Antioxidantien.

In unserer Küchenphilosophie werden sie sorgsam zubereitet, um ihre Wirkung nicht zu beeinträchtigen. Oxidation, also wenn die Farbe ins gräuliche, fahle geht, sollte immer vermieden werden. Spinat leuchtet grün, der Hokaidokürbis knallorange, die Brennesselsuppe wie frischgepflückt. Und selbst der Kaffee hat ein reines Schwarz.

Farbiges Gemüse verwenden wir ultrafrisch, das heißt – den Salat und die Kräuter erst pflücken, wenn die Teller schon bereit stehen. So isst nicht nur das Auge mit, sondern Lebensmittel können auch als solche gesundheitsfördernd wirken.

Oktober - Erntedankmenü

Herbstsalate mit frischen Blüten auf gebratenen Kürbis- und Quittenwürfeln zu Ziegenfrischkäse, mit Heidelbeerbalsamico, Topping von gerösteten Bucheckern

*

„Suppe der Hoffnung" von erntefrischen Borlotti-Bohnenkernen mit Bio-Landjäger vom Rind

*

Rosa gebratene Kalbsleber mit Waldhonig glaciert auf Sellerie-Kartoffelstampf, mit geröstetem Grünkohl, schwarzem Knoblauch und Heidelbeerjus

*

Sanddornparfait mit gebröseltem Pumpernickel

Der Oktober

Wenn er sich wirklich als ein Goldener zeigt, dann ist der Oktober gerade bei uns ein ganz besonderer Monat. Die klare Luft lässt die Allgäuer Wiesen, Hügel und Berge nochmals in einem besonders weichen Licht erscheinen, Fotographen zücken jetzt ihre Kamerageräte sowohl in den Morgen-, als auch in den Abendstunden. Wen wundert`s?

Es ist jetzt auch die Zeit des Erntedankes am Ende der Erntesaison. Vermutlich eines der ältesten Feste überhaupt, symbolisiert es doch die Abhängigkeit unserer Ernährung von Boden, Klima und den Launen der Natur. Für Viele von uns hat das Fest heute an Bedeutung verloren, da Lebensmittel scheinbar immer ausreichend und billig verfügbar sind. Tatsächlich ist dies nicht selbstverständlich und vor allem nicht für alle Menschen so. So findet der Weltwassertag am 22. März jeden Jahres bei uns kaum Beachtung. Wasser ist die Voraussetzung für eine gute Ernte.

Deshalb – glücklich, wer gute Ernte hat und jetzt seine Speisekammer füllen kann. Jetzt kommt auch der Höhepunkt der Jagdsaison. Die Gerichte werden üppiger, die Gewürze intensiver. Nicht nur die Wildtiere sammeln und legen sich einen Vorrat für den Winter an. **Wir feiern herbstlich, was jetzt zu ernten ist.**

Herbstsalate mit frischen Blüten auf gebratenen Kürbis- und Quittenwürfeln zu Ziegenfrischkäse, Heidelbeerbalsamico und Topping von gerösteten Bucheckern

Für 4 Personen
Zubereitungszeit: 15 min.

Endivien- und Radicchiosalat
4 Minzblätter, feingewiegt
Blätter und Blüten von Ruccola
Blüten von der Kapuzinerkresse, Borretsch, Thymian, Dost
100 g Ziegenfrischkäse
200 g Hokkaidokürbis
1 Quitte
2 EL Sonnenblumenöl
4 EL Heidelbeerbalsamico
4 EL Rotweinessig
4 EL Haselnussöl
Salz, Pfeffer
ca. 24 Bucheckern

Die Bucheckern schälen und kurz ohne Fett anrösten.

Salate waschen, trockenschleudern und in mundgerechte Größen zerrupfen.

Kürbis und Quitte vom Kerngehäuse befreien, mit Schale in Scheiben schneiden und in etwas Sonnenblumenöl anbraten, leicht bißfest dünsten. Salzen, pfeffern.

Aus Heidelbeerbalsamico, dem Rotweinessig, Haselnussöl und Salz/Pfeffer eine einfache Salatsauce mixen, sie muss nicht binden.

Die Salate mit den Minzblättern und einem Teil der Blüten in einer großzügigen Schüssel mit der Salatsauce durchmischen. Auf Teller geben. Die gebratene Mischung von Kürbis und Quitte auf den Salat verteilen, den Frischkäse oben auflegen. Mit den Bucheckern und den Blüten garnieren.

6 Bucheckern pro Person, bei einem Herbstspaziergang gesammelt. Es sollten nicht mehr gegessen werden, da auch diese Samen Blausäure enthalten.

„Zuppa di speranza/Suppe der Hoffnung" von erntefrischen Borlotti-Bohnenkernen mit Bio-Landjäger vom Rind

Für 4 Personen
Zubereitungszeit: 40 min.

1 Zwiebel, feingewürfelt
4 EL gutes Olivenöl
1 Knoblauchzehe, geschält, gepreßt
10 Safranfäden
300 g frische Borlotti-Bohnenkerne (oder 120 g getrocknete Bohnen, 12 Std. eingeweicht und bißfest vorgekocht)
2 Landjäger, gehäutet

1 Stange Bleichsellerie, gewürfelt
1 Karotte, gewürfelt
200 ml Tomatenwürfel aus der Dose
1 Liter Geflügel- oder Gemüsebrühe

Salz, Pfeffer, etwas roter Pfeffer,
2 Piment, 2 Lorbeerblätter,
4 schwarze Pfefferkörner
Salz, Pfeffer, Chili, Muskat
50 ml kräftiger, trockener Rotwein
4 Scheiben altes Brot, getoastet
1 Knoblauchzehe
40 g geriebenen Parmesan
reichlich feingewiegte Petersilie, glatt
4 EL gutes Olivenöl

Zwiebel, 1 Knoblauchzehe mit Safran in Öl anschwitzen. Landjäger in kleine Stücke schneiden, hinzugeben und kurz anbraten. Nun die Bohnen und das gewürfelte Gemüse zugeben. Mit den Tomatenwürfeln 5 min schmoren lassen. Nun Salz und Gewürze zugeben und mit Brühe aufgießen. Bei schwacher Hitze und geschlossenem Deckel köcheln lassen, bis die Bohnen weich sind. Die Garzeit hängt von der Frische der Bohnen ab, frische Bohnen ca. 20 min.

Die Brotscheiben mit frischem Knoblauch einreiben, je 1 Scheibe auf jeden Teller, darauf den Käse reiben und reichlich Petersilie dazugeben. Dann darauf die Suppe füllen. Mit reichlich Olivenöl abrunden. Mit grobem Salz und reichlich Pfeffer anrichten.

Als Menügang nur eine kleine Portion reichen. Ein deftig herzhaftes Gericht, das kräftigt und gute Laune macht.

Dieses herzerwärmende Rezept haben wir für unsere italienischen Freunde in Isola del Piano am 21. März 2020 anlässlich der dort verheerenden Corona-Epidemie geschrieben, um ihnen Hoffnung zu machen. Die Wirkstoffe des Safrans gelten als aufheiternd und geben Zuversicht. Hier die Allgäuer Version, leicht zu erkennen an den Landjägern, die es wohl nur bei uns gibt ...

Rosa gebratene Kalbsleber mit Waldhonig glaciert auf Sellerie-Kartoffelstampf, mit geröstetem Grünkohl, schwarzem Knoblauch und Heidelbeerjus

Für 4 Personen
Zubereitungszeit: 30 min.

Für die Leber:
500 g frische Kalbsleber vom Bio-Kalb, sehnenfrei pariert, gewaschen und trockengetupft
2 feste, säuerliche Äpfel (z.B. Sorte Topaz), halbiert, ohne Kernhaus, in Scheiben geschnitten
2 kleine Zwiebeln jeweils geschält, halbiert und in Scheiben geschnitten
1 gehäufter TL Majoran
1 EL Sonnenblumenöl
dann 3 EL Sonnenblumenöl
2 EL Butter
2 TL Waldhonig
Salz,
schwarzer Pfeffer aus der Mühle,
1 Prise Cheyenne-Pulver
etwas Mehl zum Bestäuben

Für die Jus:
4 EL Heidelbeerbalsamico
8 Zehen schwarzen Knoblauch (oder geräucherter Knoblauch)

Für den Stamp:
8 mittelgroße, vorwiegend festkochend bis mehlige Kartoffeln, geschält und geviertelt,
¼ Knolle Sellerie, gewürfelt
Salz, reichlich Muskatnuss
80 g Butter
je nach Kartoffelsorte etwa 80 ml Sahne

Beilage:
4 Blätter Grünkohl
1 EL Sonnenblumenöl
etwas Salz

Das Backrohr auf 180 °C Umluft vorheizen.

Dann zuerst für den Stamp die geviertelten Kartoffeln und die Selleriewürfel halbbedeckt von Salzwasser mit Deckel ca. 20 min. gar kochen. Wasser abgießen, kurz ohne Deckel ausdampfen lassen. Restliche Zutaten zugeben, mit dem Kartoffelstampfer zerdrücken und mit dem Rührbesen nochmals kräftig durchschlagen, damit es luftig wird. Mit Deckel warmhalten.

Den Grünkohl waschen, trockenen, mit Öl beträufeln, salzen und ca. 10 min. in das Backrohr (oder 8 min in den Airfryer) geben.

Dann die Äpfel mit den Zwiebeln in 1 EL Öl bei mittlerer Hitze anbraten, umrühren. Den Majoran, Salz und die Gewürze dazugeben, und nochmals erhitzen. Vom Herd nehmen und zugedeckt warmhalten.

In einer Pfanne – idealerweise einer schmiedeeisernen – die restlichen 3 EL Öl erhitzen, dann die mehlierte, in 1 cm dicke Scheiben geschnittene Kalbsleber einlegen und bei kräftiger Hitze auf beiden Seiten ca. 2 min. anbraten. Die Leber sollte innen noch deutlich rosa sein. Die Leberscheiben entnehmen und zur Apfel-Zwiebel-Mischung geben. Nun die restliche Butter, den Honig und den schwarzen Knoblauch zum Bratenansatz geben, salzen und würzen. Nochmals kurz erhitzen, bis es unter Rühren leicht karamellisiert. Mit dem Balsamico ablöschen.

Zuerst den Kartoffelstampf auf vorgewärmte Teller geben. Daneben den gerösteten Grünkohl, darauf die Leber anrichten. Das Apfel-Zwiebelgemisch auf die Leber verteilen. Die karamellisierte Bratenjus mit dem Knoblauch über die Leber geben. Pfeffer aus der Mühle. Sofort servieren.

Hinweis: Anstelle des schwarzen Knoblauchs lässt sich sehr gut geräucherter Knoblauch verwenden. Dazu benötigt man einen Räuchertopf und etwas Räuchermehl. An einem gut gelüftetem Fenster kann dies in der Küche benutzt werden kann. 1 ganze Knoblauchknolle leicht räuchern, dies ergibt zusätzliche Geschmacksnoten.

Sanddorncreme mit gebröseltem Pumpernickel

Für 6 Personen
Zubereitungszeit: 20 min. +
3 Std. Kühlzeit

60 g frische Sanddornfrüchte (ersatzweise 4 EL Sanddorn-Konfitüre, dann keinen Honig verwenden)
1 EL Honig
250 ml Vollmilch
1 Vanilleschote
3 Eigelb
80 g Zucker
4 Blatt weiße Gelatine
2 cl Kirschwasser (oder alkoholfrei: Quittensirup)
150 ml Sahne
1 Scheibe Pumpernickelbrot

Sanddornfrüchte waschen, mit Honig in einem kleinen Topf kurz aufkochen, abkühlen lassen. Vanilleschote längs aufschlitzen, das Vanillemark mit den Eigelb und dem Zucker in eine runde Metallschüssel geben.

Die Milch mit der ausgedrückten Vanilleschote in einen Topf geben. Aufkochen und 15 min. ziehen lassen. Nochmals aufkochen, die Schote herausnehmen. Nun die heiße Milch langsam unter Rühren mit dem Schneebesen über die Ei-Zuckermasse geben und zur Rose abziehen. Die Sahne steif schlagen.

Die Gelatine in kaltem Wasser einweichen, ausdrücken. Das Kirschwasser in einem kleinen Topf erwärmen, die Gelatine darin aufweichen. Gemeinsam mit dem Sanddorn unter die Crememasse rühren. Den Pumpernickel mit den Fingern zerbröseln und ebenfalls in die Masse rühren.

Zuletzt die geschlagene Sahne unterheben, sogleich in Dessertgläser abfüllen und 3 Std. kaltstellen. Mit einer Walnusshälfte garniert servieren.

Dieses Dessert ist eine Reminiszenz an Ludwig Grieser, mit ihm durfte ich vor vielen Jahren zu Beginn meiner Kochleidenschaft einige Jahre kochen und vieles lernen. Er war ein hervorragender Koch, Küchenchef und Gourmet, der leider viel zu früh verstarb. Diese Rezeptur ist eine Abwandlung eines Gerichtes, das sich in anderer Fruchtkombination lange Zeit auf der Dessertkarte fand ...

November

Maronen-Blaukrautsuppe
mit gebratenen Hexenröhrlingspilzen oder Braunkappen

*

Knusprige Gänsekeule auf Quitten-Zwiebelconfit,
mit Majoranjus und Kartoffelroulade

*

Gefüllter Bratapfel auf Walnuss-Karamell

Der November

Jetzt wird`s still im Jahresverlauf. Statt an dieser Stelle eine typische Novemberstimmung zu beschreiben, will ich den letzten Satz eines der schönsten deutschsprachigen Gedichte zitieren, treffender kann wohl nichts zum Monat November gesagt werden:

[...] Wer jetzt kein Haus hat, baut sich keines mehr. Wer jetzt allein ist, wird es lange bleiben, wird wachen, lesen, lange Briefe schreiben und wird in den Alleen hin und her unruhig wandern, wenn die Blätter treiben.
Aus: Herbstgedicht v. Rainer Maria Rilke

Doch wer ein Haus hat, der sollte jetzt den Ofen anwerfen und innerlich wärmende Gerichte zubereiten. Und was dabei niemals zu kurz kommen sollte – das gemeinsame Speisen. Gerade in diesem elften Monat des Jahres sollten Menschen – ob alt oder jung - nicht alleine sein müssen, gemeinsames Essen ist hierfür ein verbindender Anlass an nebelverhangenen Tagen.

Wir zaubern uns ein Herbstmenü, packen ein bisschen Humor mit hinein, damit trübe Gedanken erst gar nicht aufkommen können ...

Maronen-Blaukrautsuppe mit gebratenen Hexenröhrlingspilzen oder Braunkappen

Für 4 Personen
Zubereitungszeit: 20 min.

100 g Hexenröhrlinge (nicht so selten und ebenso gut sind Braunkappen)
1 EL Butter
Salz, Pfeffer, Chili
120 g fertiges Blaukraut
400 ml Rinder- oder Gemüsebrühe
Salz, Pfeffer, Muskat
etwas Rotweinessig zum Abschmecken
20 g Maronen, geschält, gegart
1 Schalotte, gewürfelt
1 EL Butter
200 ml Sahne, geschlagen
2 EL Roggenbrot-Würfel, getoastet

Die Pilze putzen, nicht waschen. In ca. 2 cm große Würfel schneiden (beide Pilzarten bläuen, der Hexenröhrling ganz kräftig), sogleich in Butter mit Salz und Pfeffer anbraten und 3 min. mit Deckel garen lassen. Beiseite stellen.

Die Maronen mit der Schalotte ebenfalls in Butter andünsten. Dann das Blaukraut zugeben und mit der Brühe aufgießen. 5 min. kochen lassen, dann alles im Mixer pürieren. Nun die geschlagene Sahne bis auf 4 EL unterheben und nochmals aufkochen.

Suppe abschmecken, auf Teller geben, die Pilze in die Suppe verteilen. Je einen EL Sahne in die Mitte und die Croutons auf die Sahne verteilen. Mit Pfeffer aus der Mühle abrunden. Farblich wie geschmacklich außergewöhnlich.

Dieses Rezept ist anlässlich eines Halloween-Essens entstanden und sollte möglichst gruselig klingen, dabei aber hervorragend schmecken – lassen Sie sich überraschen! Eine meiner Lieblingssuppen, dabei sehr einfach.

Knusprige Gänsekeule auf Quitten-Zwiebelconfit, mit Majoranjus und Kartoffelroulade

Für 4 Personen
Zubereitungszeit: 75 min.

Für die Gänsekeule:
4 nicht zu große Gänsekeulen (Raumtemperatur)
4 Schalotten
1 EL Bratenöl
250 ml Hühnerbrühe
200 ml trockenen Rotwein oder Orangensaft
1 TL Rotweinessig
Salz, Pfeffer, süßer Paprika, Beifuß, Majoran
etwas Wasser zum Angießen

Für das Confit:
2 rote Zwiebeln, in Scheiben
½ Quitte, geschält, entkernt
1 TL Zucker
30 ml Rotwein oder Blaukrautsaft
¼ Stange Zimt, 1 Nelke
Salz, Pfeffer, Chili

Für den Jus:
2 TL getrockneten Majoran
wenig Stärke in kaltem Wasser angerührt zum Binden

Für die Roulade:
500 g Kartoffelteig aus
400 g mehligen Pellkartoffeln
ca. 100 g Mehl
2 Eier
Salz
60 g geräuchertes Wammerl
8 EL blanchierter Spinat
1-2 EL Semmelbrösel
Salz, Pfeffer, reichlich Muskat
hitzebeständige Frischhaltefolie, Alufolie

Den Backofen auf 200 °C vorheizen.

Dann zuerst die Gänsekeulen würzen. In einem Bräter mit Öl rundum kurz anbräunen, die gehackten Schalotten hinzugeben und ebenfalls Farbe nehmen lassen. Dann etwas Wasser angießen und die Keulen mit der Hautseite nach unten 20 min. offen im Rohr schmoren. Dann Hitze auf 170 °C reduzieren, Keulen wenden und weitere 2 Std. schmoren lassen. Dabei regelmäßig mit Hühnerbrühe übergießen und zwischendurch wenden.

Inzwischen die Roulade zubereiten. Dazu die noch warmen Pellkartoffeln durch eine Kartoffelpresse drücken, abkühlen lassen. Dann mit den restlichen Teigzutaten vermischen und kurz durchkneten. Die Menge des Mehls richtet sich nach dem Stärkeanteil der Kartoffeln. Die Masse 1 ½ cm dick auf Frischhaltefolie ausrollen.

Das Wammerl würfeln und kurz anbraten. Abgetropft zusammen mit dem ausgedrückten Spinat und den Semmelbröseln auf den Kartoffelteig verteilen. Würzen.

Die Roulade bonbonartig dicht einrollen, danach die Folie zusätzlich ebenso in Alufolie einrollen.

Eine tiefe Pfanne oder flachen Topf halb mit Wasser füllen und erhitzen. Dann die Rolle ins kochende Wasser einlegen und nicht mehr kochend bei ca. 90 °C etwa 45 min. pochieren. Ergibt die Druckprobe deutlichen Widerstand, so kann die Roulade entnommen werden, sie hält 20 min. warm, kann aber auch vorbereitet, abgekühlt und dann wieder im heißen Wasser erwärmt werden.

Für das Confit alle Zutaten in einen kleinen Topf geben und 20 min. ohne Deckel einkochen. Abschmecken.

Nun die Fleischkeulen fertig machen. Wenn klarer Fleischsaft beim Anstich austritt, den Bräter mit Kochhandschuhen auf den Herd stellen, die Keulen entnehmen und mit der Haut nach oben in eine ofengeeignete Pfanne setzen. Die Haut nochmals mit Öl bestreichen. Den Ofen auf Grill-Oberhitze schalten.

Aus dem Bräter etwas Fett abschöpfen. Den Wein und den restlichen Hühnerfond aufgießen, den Majoran zugeben, den Bratensatz aufrühren und wenig angerührte Stärke zugeben, aufkochen. Etwas reduzieren bis zur gewünschten leicht angedickten Konsistenz. Zuletzt die Keulen 3 min direkt unter den Grill geben. In der Zeit mit dem Anrichten beginnen.

Auf vorgewärmten Tellern zuerst die Kartoffelroulade in 2 cm dicken Scheiben anrichten, daneben das Confit und schließlich die Keulen. Die Jus teils über das Fleisch, über die Roulade gießen. Sogleich servieren.

Gefüllter Bratapfel auf Walnuss-Karamell

Für 4 Personen
Zubereitungszeit: 35 min.

4 kleine würzige Äpfel (z. B. Topaz)
3 EL Haselnüsse gehackt
2 EL Walnüsse, gehackt
2 EL Waldhonig
Saft und Schale von ½ Bio-Zitrone
1 Messerspitze gemahlenen Zimt
1 EL Butter für die Form

Karamell:
3 EL Butter
4 EL Zucker
3 EL Sahne
2 cl Walnusslikör
4 Walnusshälften zur Garnitur

Äpfel waschen und Kernhaus ausstechen. Gegen Braunfärbung sogleich mit Zitronensaft beträufeln. Die gehackten Nüsse mit Honig, Zimt und geriebener Zitronenschale vermischen und damit die Äpfel füllen.

Backrohr auf 180 °C Ober-/Unterhitze vorheizen.

Eine nicht zu große Bratform ausbuttern und die Äpfel darin ins Rohr geben, 15-20 min. braten.

Den Ofen auf Oberhitze schalten, den Bräter mit Kochhandschuhen entnehmen und auf die Herdplatte stellen. Die Äpfel in eine ofentaugliche Pfanne stellen, je 1 Butterflocke obenauf setzen und dann bei Oberhitze ins Rohr geben, sobald die Sauce fertiggestellt ist.

Dazu die Butter und den Zucker in den Bräter geben und hellbraun karamellisieren. Mit der Sahne ablöschen, kurz weiter einkochen. Mit dem Apfelschnaps aromatisieren.

Die Äpfel kurz ins Rohr. Die Teller herrichten. Darauf einen Spiegel mit der Karamellsauce geben, die Äpfel mittig darauf setzen und je eine Walnusshälfte auf die Äpfel setzen.

Dezember - Weihnachtsmenü

Geräucherte Entenbrust mit Aronia-Orangensahne, Feldsalat

*

Konfierter Bachsaibling mit Zitronen-Safranschaum auf gedünstetem Fenchel

*

Schmorbraten vom Hirsch aus dem Niedertemperaturofen mit Cassis-Gewürzsauce auf geschmortem Wirsing, mit Hagebuttenmark und Haselnussspätzle

*

Himbeer-Sorbet in einer Hülle von Bio-Zartbitterschokolade mit Walnuss-Topping

Der Dezember

Die einst staade Zeit ist heute eine meist hektische. Als müssten alle unerledigten Dinge, alle unerfüllten Wünsche noch vor Jahresende unbedingt zu Ende gebracht werden. Und Geschenke werden gekauft, unter den Baum gelegt und dann oft wieder zurückgebracht. Wohl dem, der sich schon vor Weihnachten reich beschenkt fühlt.

Die Festtage im Dezember sind seit jeher mit festen Essensriten verbunden. Je nach Region und Religion sind die Advents-, die Weihnachts- und dann auch die Silvestertage mit ganz bestimmten Speisen verknüpft. Trotzdem kann es Freude machen, auch einmal etwas Neues auszuprobieren. Bei uns wird zu Dezember immer frisch geräuchert, im Ofen dominieren kräftig gewürzte Schmorgerichte und eines darf nie fehlen – die richtig gute Schokolade. Schließlich kann die dunkelste Zeit des Jahres auch die schönste sein. Da wir bei Schokolade sehr wählerisch sind, verwenden wir auch in der Küche beste Bio-Schokolade, idealerweise ohne Emulgatoren. Dazu ein sehr feines Rezept, das für große Essen gut vorbereitet werden kann.

Mögen Ihre familiären Begegnungen kulinarisch angemessen begleitet sein ...

Geräucherte Entenbrust mit Aronia-Orangensahne, Feldsalat

Für 4 Personen
Zubereitungszeit: 20 min. +
1 Std. räuchern

Am Vortag räuchern (ersatzweise 160 g geräucherte Entenbrust kaufen)

200 g Entenbrust, Raumtemperatur
1 EL Sonnenblumenöl
Salz, Pfeffer, scharfes Paprikapulver

Die Entenbrust ölen, würzen, 1 Std. einwirken lassen. Im Räuchertopf oder Räucherofen ca. 20-25 min (Druckprobe) heissräuchern.

1 EL Aronia-Marmelade
1 TL Bitterorangenmarmelade
120 ml Sahne
1 Messerspitze Nelke und Zimtpulver
Prise Salz

160 g Feldsalat
2 EL Himbeeressig
1 TL mittelscharfen Senf
2 EL Olivenöl
1 EL Orangensaft
Salz, Pfeffer
1 TL Honig

Die geräucherte Entenbrust bei 80 °C im Ofen zugedeckt langsam erwärmen.

Inzwischen die Sahne steif schlagen. Marmeladen, Salz und Gewürze unterheben und mit dem Schneebesen verrühren.

Für den Salat den Feldsalat waschen, schlechte Blätter entfernen, trockenschleudern.

Für das Dressing alle Zutaten mischen und im Mixer fein pürieren. Abschmecken. Salat in eine Schüssel geben, kurz vor dem Anrichten das Dressing darüber geben und gut durchmischen.

Die Entenbrust in dünne Scheiben schneiden, fächerförmig auf den Tellern anrichten. In die Mitte etwas Aronia-Orangensahne geben.

Schließlich eine Handvoll Salat locker daneben legen

Konfierter Bachsaibling mit Zitronen-Safranschaum auf gedünstetem Fenchel

Für 4 Personen
Zubereitungszeit: 35 min.

1 Bachsaibling ca. 800 g
300 ml gutes Olivenöl
Meersalz, schwarzer Pfeffer
1 Fenchelknolle
1 EL Olivenöl von der Fischzubereitung
Salz, Pfeffer

Für die Sauce:
2 Schalotten, fein gewürfelt
8 Safranfäden
1 EL Butter
100 ml trockenen Weißwein
Zitronengras, ca. 5 cm, in feine Scheiben geschnitten
Saft und Schale ½ Bio-Zitrone
100 ml Fisch- oder Geflügelfond
120 g eiskalte Butter
1 EL Sahne
Salz, Pfeffer

Bachsaibling filetieren, entgräten, Haut entfernen, waschen, trockentupfen. Eine schmale Auflaufform mit dem Öl im Backofen auf 70 °C erwärmen. Die Saiblingfilets in das Öl legen, so dass sie ganz bedeckt sind. Die Form mit Alufolie bedecken. 20 min. bei 70 °C garen. Filets aus dem Öl nehmen, abstreifen, mit Salz und Pfeffer beidseitig würzen. Das Öl kann für Fischgerichte weiterverwendet werden.

Die Fenchelknolle in Querscheiben schneiden. In Olivenöl dünsten, salzen, pfeffern.

Für die Sauce das geschnittene Zitronengras im Weißwein aufkochen, 15 min. ziehen lassen, absieben. Schalotten und Safran in Butter anschwitzen, mit Weißwein ablöschen, Fischfond und die geriebene Zitronenschale zugeben. Aufkochen und auf ca. 6 EL reduzieren. Kurz vor dem Anrichten den Saucenansatz in einen Pürierbecher geben und die eiskalte Butter mit dem Pürierstab untermixen. Mit Salz, Pfeffer und Zitronensaft abschmecken.

Den Fenchel auf vorgewärmten Tellern anrichten, die Filets auf den Fenchel und den Safranschaum über den Fisch geben.

Schmorbraten vom Hirsch aus dem Niedertemperaturofen mit Cassis-Gewürzsauce auf geschmortem Wirsing, mit Hagebuttenmark und Haselnussspätzle

Für 4 Personen
Zubereitungszeit: Fleisch ca. 4 Std.
+ weitere 60 min.

Für den Braten:
800 g Rothirsch aus Schulter od. Nuss
3 EL Sonnenblumenöl
Schwarzer Pfeffer
6 Wacholderbeeren, zerdrückt
Salz, Pfeffer
2 EL Butter
1 EL mittelscharfer Senf
2 Karotten, feingewürfelt
1 Stange Staudensellerie, feingewürfelt
3 Schalotten, feingewürfelt
2 Knoblauchzehen, ganz, ungeschält
etwas frische rote Pepperoni, feingeschnitten
2 Lorbeerblätter, 3 Nelken,
2 Piment, 1 Zimtstange, 4 schwarze Pfefferkörner, 1 Thymianzweig
1 Streifen der Schale einer Bio-Orange
200 ml Wildfond (ersatzweise Rinderfond)
400 ml Johannisbeernektar
30 g TK- schwarze Johannisbeeren
Salz, Pfeffer, Chili
Etwas Mehl und Wasser für die Bindung

Wirsing:
ca. 400 g Wirsing, gewaschen, in grobe Würfel geschnitten
1 EL Butter
60 ml Gemüsebrühe
Salz, Kümmel, Pfeffer, Chili, Muskat

Hagebuttenmark:
(ersatzweise fertiges Hagebuttenmark mit wenig Zucker)
30 Hagebutten aufgeschnitten und entkernt
200 ml Wasser
Prise Salz, 2 TL Honig,
1 TL Zitronensaft
4 dünne Birnenscheiben zum Garnieren, mit Zitronensaft beträufelt

Spätzle:
250 g Weizenmehl 550er
60 g Haselnüsse, feingerieben
3 Eier
ca. 250 ml Milch
Salz, Pfeffer, Muskat

Zuerst wird das Fleisch pariert, gewaschen, trockengetupft. Mit Öl, Pfeffer und Wacholderbeeren einreiben und mind. 4 Std. bei Raumtemperatur einwirken lassen. Nicht salzen. Nun das Fleisch salzen, pfeffern und in einem ofenfesten Bräter in der Butter rundum zur leichten Bräunung anbraten. Braten aus dem Bräter nehmen und mit Senf bestreichen. Inzwischen das Backrohr auf genau 80 °C Ober-/ Unterhitze vorheizen.

Das Bratengemüse im Bräter auf dem Herd kurz anrösten. Bratengewürze zugeben und ebenfalls anrösten. Dann mit Fond und Nektar aufgießen, aufkochen lassen, umrühren. Nun das Bratenstück auf das Gemüse geben und im Backofen bi 80 °C ca. 3 ½ - 4 Std. garen. Dazu einen Thermometer an der dicksten Fleischstelle bis zur Mitte einstechen. Kerntemperatur soll 68 °C erreichen. Bei Bedarf etwas Nektar nachgießen.

Nun das Hagebuttenmark zubereiten, indem alle Zutaten auf kleiner Hitze mit Deckel ca. 40 min. weichgekocht werden. Dann ⅓ der Hagebutten entnehmen, den Rest pürieren. Die ganzen Hagebutten untermischen. Abschmecken.

Die Spätzle können gut vorbereitet werden und auf Bedarf in einer gebutterten Pfanne mit Deckel erhitzt werden. Für den Teig alle Zutaten mischen und mit einem Kochlöffel bis zur Blasenbildung aufschlagen. Mit dem Spätzlehobel oder geschabt vom gewässerten Brett in reichlich gesalzenes Wasser geben, ca. 3 min. aufwallen lassen, kurz ins kalte Wasser geben, in einer Schüssel im Backrohr warmhalten.

Den Wirsing in einem Topf in Butter anbräunen, mit Brühe aufgießen und alle Gewürze zugeben. Mit Deckel gerade weich schmoren.

Wenn das Fleisch fertig ist, Bräter aus dem Ofen und Fleisch aus dem Bräter entnehmen. Mit Alufolie bedecken und ruhen lassen. Die Sauce durch ein Spitzsieb geben, die Flüssigkeit erneut ansetzen. Aufkochen, wenig Mehl in Wasser anrühren und klumpenfrei mit dem Schneebesen unter die Sauce rühren. Nicht zu stark binden, Mehlgeschmack 5 min. herausköcheln lassen. Zuletzt die Johannisbeeren unterrühren und abschmecken.

Wirsing zuerst auf Tellern anrichten, dann Spätzle, dann das Hagebuttenmark auf je eine Birnenscheibe, dann das Fleisch in Scheiben. Zuletzt die Sauce über das Fleisch geben. Sogleich servieren.

Dieser Braten wird ohne Alkoholzugabe zubereitet und schmeckt ganz wunderbar.

Himbeer-Sorbet in einer Hülle von Bio-Zartbitterschokolade mit Walnuss-Topping

Für 12 Personen auf Vorrat
Zubereitungszeit: 30 min. +
1 Tag Gefrieren

1 Silikonform für Schokolade, Kugelform
300 g TK-Himbeeren, aufgetaut
1 TL Zitronensaft
1 EL Puderzucker
60 g Zucker
60 ml Bio-Himbeersaft mit wenig Zucker
100 g echte Bio-Zartbitter-Schokolade, idealerweise ohne Emulgatoren
16 Walnusshälften (auf Vorrat)

Beeren mit Puderzucker und Zitronensaft pürieren. Zucker mit Himbeersaft aufkochen, 3 min. köcheln lassen. Das Beerenpüree gut unterrühren, dann durch ein Sieb streichen und im Kühlschrank 1 Std. kaltstellen. Die Silikonform kalt ausspülen, gut abtropfen lassen. Das kalte Sorbet in die Kugelformen füllen und mind. 12 Std. oder länger einfrieren.

Benötigt 1 Tag Vorbereitung, dafür unkompliziert im Menü. Hier kann sehr gut eine übriggebliebene Zartbitter-Hohlfigur von echter Bio-Schokolade verwendet werden. Bitte keine (blaue) Billig-Schokolade verwenden, es wäre schade um die Mühe und das Festessen.

Dann die Schokolade in einer kleinen, schmalen Schüssel im Wasserbad schmelzen. Das Sorbet einzeln mit einer Nadel anspießen und aus der Kugelform lösen (Achtung, sorgsam arbeiten! Nadeln vorher und nachher auf Anzahl und Bruch kontrollieren). Die Sorbetkugel ganz in die Schokolade tauchen, herausziehen und einige Sekunden abtrocknen lassen. Dann auf eine Porzellanplatte geben und sogleich je eine Walnusshälfte auf den Kugelschluss setzen. Sollte die Schokolade schon zu fest sein, mit dem Flammgerät vorsichtig nur oben leicht lösen. Zügig arbeiten oder das Sorbet zwischenzeitlich immer wieder in die Tiefkühlung geben. Es darf nicht schmelzen, auch darf keine Spur Wasser in die Schokolade kommen, da sie sonst verklumpt. In dem Falle neu ansetzen.

Je Portion 1 Sorbetkugel einzeln anrichten, z. B. auf einem Espressoteller. Die Kugeln sind nach 10 min. optimal servierbereit, mit zartem Schmelz des Sorbets. Oder vorbereiten und sofort wieder in die Tiefkühlung für max. 3 Tage, dann 1 Std. vor dem Service in den Kühlschrank geben. **Schöne Weihnachten!**

Silvesterdrink

Zum „kalt" Vorglühen, eine herbe alkoholfreie Gin-Alternative mit ausgeprägter Wacholderbasis, abgerundet durch den Geschmack von auf Apfelholz mild geräucherten Heidelbeeren

200 ml Tonic Water mit reichlich Eiswürfel in ein Cocktailglas

Wir empfehlen Fever-Tree Indian Tonic

1 Portionsflasche 50 ml
Orfeo 0.0 „Smoked Blueberry"
aufgießen

4 geräucherte Heidelbeeren

Rühren, nicht schütteln!

CinCin. Salud. Prost. Cheers. Santè. Serefe. Proscht.

Beispiele für mehrgängige Menüs

„Allgäu à miniature"

Menue für Weit- und Zugereiste

und Daheimgebliebene

Schinken vom Hindelanger Hirsch auf Löwenzahnsalat, Vinaigerette von Himbeer und Bergkiefer

***

Süpple von der geräucherten Legauer Bachforelle mit Brennesselrahm

***

Allgäuer Krautkrapfa-Sushi mit grünem Meerrettich

***

Kässpätzle mit geschmorter Schulter vom Allgäuer Braunvieh in Kümmelbiersauce mit Braunbier aus Tettnanger Hopfen und oberschwäbischer Braugerste

***

Kaiserschmarrn mit gedörrten Heidelbeeren auf Zwetschgenröster

***

Jähriger Alpkäs mit Rhabarber-Confit, dazu gelaugte Saaten-Cräcker

Abend-Menü der 1. Klasse auf der R.M.S. Titanic, Tag des Untergangs am 14. April 1912, konzipiert vom frz. Starkoch Auguste Escoffier, der damals nicht auf der Fahrt dabei war.

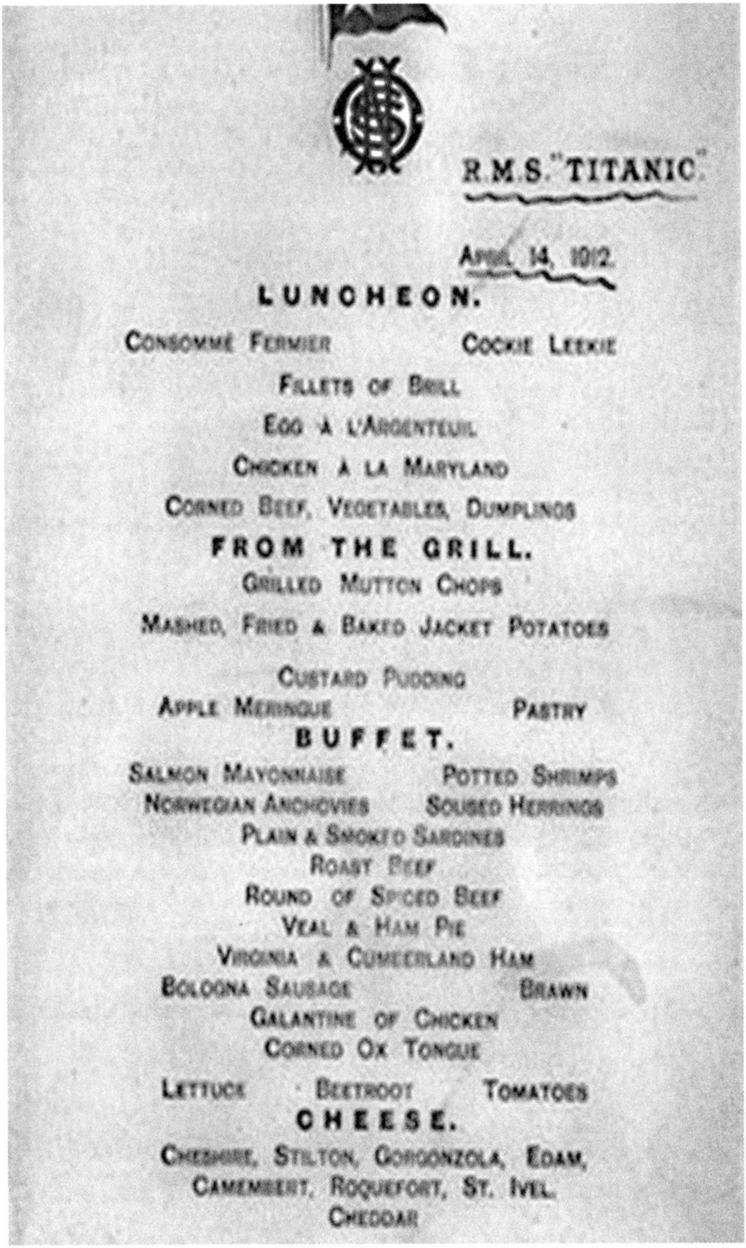

R.M.S. "TITANIC"

April 14, 1912

LUNCHEON.

Consommé Fermier Cockie Leekie

Fillets of Brill

Egg à l'Argenteuil

Chicken à la Maryland

Corned Beef, Vegetables, Dumplings

FROM THE GRILL.

Grilled Mutton Chops

Mashed, Fried & Baked Jacket Potatoes

Custard Pudding

Apple Meringue Pastry

BUFFET.

Salmon Mayonnaise Potted Shrimps

Norwegian Anchovies Soused Herrings

Plain & Smoked Sardines

Roast Beef

Round of Spiced Beef

Veal & Ham Pie

Virginia & Cumberland Ham

Bologna Sausage Brawn

Galantine of Chicken

Corned Ox Tongue

Lettuce Beetroot Tomatoes

CHEESE.

Cheshire, Stilton, Gorgonzola, Edam,
Camembert, Roquefort, St. Ivel,
Cheddar

Getränke als Menübegleitung

In der Abfolge eines Menüs soll jedes einzelne Gericht auf die Gesamtwirkung abgestimmt sein. Die gegenseitige Verstärkung von Zutaten, Geschmack, Textur, Farbe und Stimmung soll ein gesamtheitliches Erlebnis bewirken. Dabei hat jeder Mensch seine Vorlieben und seine persönliche Geschmacksvorstellung. Ein gelungenes Menü erfüllt die wesentlichen Erwartungen der Gäste, versucht aber auch immer Neues und bringt ungewohnte Eindrücke mit ein, baut Brücken für neue Erfahrungen ohne abzuschrecken. Damit ist der Rahmen für gute Gespräche gegeben. Denn jedes Essen, jedes Menü, jedes Fest ist einmalig, einzigartig und als Gesamterlebnis nicht wiederholbar.

Getränke unterstützen die Speisen dabei. Mal dürfen die Getränke, mal die Gerichte abwechselnd im Mittelpunkt stehen, es sollte zusammenpassen, sich gegenseitig verstärken.

Grundsätze, die natürlich auch immer wieder – dann bewusst – durchbrochen werden sollten:
Nicht zuviel durcheinander. Vom Leichten zum Schweren, vom Leichtprozentigen zum Höherprozentigem, von Säure zum Süßen, vom Kalten zum Warmen. Von Hell zu Dunkel (bei Saucen wie beim Bier), beim Wein von Weiß zu Rot. In diesem Rahmen sind sie sehr frei – seien Sie kreativ, probieren Sie aus! Alternativ bleiben Sie bei zwei bis drei Getränken, die das gesamte Menü hindurch begleiten.

Wenn Sie am nächsten Morgen die vielen leeren Flaschen eines langen, wunderbar gelungenen Essensfestes sehen, könnte Ihnen – wie bei uns geschehen – irgendwann der Gedanke aufkommen, das ein oder andere alkoholische Getränk durch ein alkoholfreies zu ersetzen. Die alkoholfreie Menübegleitung ist inzwischen regelrecht „en vogue". In der Spitzengastronomie können Sie eine komplette alkoholfreie Menübegleitung wählen, diese kann unglaublich spannend sein.

Bei uns gibt es beides. Das Angebot von eigenständigen, hochwertigen alkoholfreien Getränken abseits von süßen Limonaden sind uns dabei schon lange ein Herzensanliegen. Und diese bereichernd in Menüfolgen einzubauen. Ein wahres Mekka für kreative Zubereitungen, inzwischen eine große „Community" von Menschen weltweit, die denselben Ansporn haben.

Dieses Buch soll auch dazu animieren, Ähnliches auszuprobieren und dabei keinesfalls an Verzicht zu denken, sondern immer auch an die Neugierde für Neues.
Es lohnt sich!

Wir bieten bereits zum Aperitif überaus leckere Prosecci an. Kohlensäure verstärkt den Geschmack, wodurch alkoholfreie Frucht- und Gewürznuancen sehr deutlich zum Tragen kommen. Zu manchen Vorspeisen passen fermentierte Getränke, nicht Jedermanns/Fraus Sache, für Geübte aber eine Offenbarung und in manchen Küchen dieser Welt eine Selbstverständlichkeit. Gesund nebenbei. Herbal infusions, eigentlich Tee lässt einige Zutaten aus dem Garten neu erscheinen, allein mit Minze oder Verbene sind hier spannende Getränke möglich. Alkoholfreie Biere sind bereits gesetzt, am Wein wird mit Hochdruck gearbeitet, es gibt darunter auch schon genussfähige. Für das Davor, Dazwischen und Hinterher haben wir lange mit Hydrolaten experimentiert. Daraus entstand ORFEO 0.0, unser herber, alkoholfreier Wacholder-Spirit mit speziellen Botanicals zum selbst Dazugeben.

Die Entwicklung dieser kreativen Szene zeichnet sich ähnlich ab, wie bei vegetarischen und veganen Produkten: Erst sind es einzelne Experimentierfreudige in unserem Land, die Kopfschütteln erzeugen. Dann wird es von Gastronomen aufgegriffen, weil es nachgefragt wird. Irgendwann quellen die Handelsregale davon über, weil es selbstverständlich fester Bestandteil unserer Ernährung ist. Um schließlich festzustellen, dass es ähnlich in anderen Kulturen dieser Welt schon immer vorhanden war. Diese Entwicklung scheinen Alkoholalternativen aktuell auch zu machen.

Probieren Sie es aus!

Messer, Töpfe & Pfannen

Empfehlungen für eine gute Basisausstattung

Ständig gibt es neue technische Errungenschaften für die Küche, die immer wieder neue Konsumwellen auslösen, bis sie oft schnell wieder aus den Küchen verschwinden.

Für gutes Kochen benötigt es wenig Technik. Wichtiger sind die Zutaten. Gerichte werden besser, wenn ein Teil des Geldes für technische Ausstattung einfach für die Zutaten ausgegeben, ein Teil des Aufwandes in die Zubereitung selbst investiert wird. Es gibt schon heute zu viele hervorragend ausgestattete Küchen, in denen zu wenig gekocht wird.

Ich selbst bin noch mit der unglaublich vielfältigen, so kreativ wie bodenständigen schwäbisch-allgäu-fränkischen Küche meiner Mutter aufgewachsen. Zentraler Mittelpunkt der Küche war und ist noch heute der Bauernherd, der jeden Morgen als erstes angeheizt wird, andernfalls bliebe die Küche kalt. Darauf gibt es unzählige Temperaturzonen, die es für jedes Gericht unterschiedlich zu nutzen gilt. Selbst Paul Bocuse, ein Meister seines Faches, hat damit seine Sterne-Restaurants betrieben. Trotzdem benötigt es eine Grundausstattung, die wesentlichen Geräte und Gegenstände sollten von guter Qualität sein. So muss beispielsweise ein Backofen eine zuverlässig hohe, gleichbleibende Temperatur erreichen und diese halten können.

In unserer Küche gibt es keine Fritteuse und keine Mikrowelle. Es gibt einen guten Backofen mit Umluft, der auch 300 °C erreichen kann. Dazu einen Elektro-Herd mit vielen Platten ohne Schnickschnack, aber zuverlässig mit schneller Temperaturanpassung. Neuerdings einen Airfryer, da dieser schmackhafte Zubereitungen auf gesündere Art ermöglicht, und einen Teppanyaki-Grill. Im Sommer setzen wir bei Gartenfesten Holzkohle-Grill, holzbeheizten Pizza-Steinofen und die normalen Küchengeräte parallel ein, je nach Gerichten. Unbedingt gibt es einen Hochleistungsmixer, der vor allem zerkleinert, püriert und Teig gut knetet. Da wir viele Zutaten durch Räuchern veredeln, ist ein einfacher, elektrischer Räuchertopf empfehlenswert und selbst für große Gästeessen voll ausreichend.

Eines der wichtigsten Geräte jedoch ist das Einfachste: Ein großer Mörser für Pesto, Gewürz- und Salzzubereitungen, Currys und sonstige Gerichte. Manche Zutaten sollten nicht gemixt, sondern auf Stein zermahlen werden. Deshalb gibt es Mörser in unterschiedlichen Größen und für verschiedene Zubereitungen. Wichtig ist ein guter, schwerer Bräter für Schmorgerichte. Eine handgeschmiedete Eisenpfanne und nicht – oder bestenfalls steinbeschichtete – Edelstahlpfannen. Kontrollieren Sie insbesondere Ihre beschichteten Kochutensilien regelmäßig. Entsorgen

Sie verkratzte Beschichtungen, da alles, was sich an Beschichtung löst, mitgegessen wird. Aus demselben Grund empfehle ich auch, keine Plastikgegenstände, Schaber etc. zu verwenden. Wichtig – alle Töpfe und Pfannen sollen dichtschließende ofengeeignete Deckel haben. Häufig wandern diese beim Kochen vom Herd ins Backrohr.

Das Herzstück eines Kochs/einer Köchin sind die Messer und deren entsprechende Pflege. Auch hier benötigen Sie nicht unzählige, jedoch die wichtigsten in bester Qualität. Seit Jahren koche ich mit hochwertigen japanischen Messern, vorwiegend viellagigen Damast-Stahlmessern. Persönlich habe ich mich bei den wichtigsten Messern für die Kai Shun Premier-Serie von Tim Mälzer entschieden, aber es gibt auch andere sehr gute Küchenmesser. Mit dem großen Chefmesser können Sie sehr viele Schnitte erledigen, durch seine Schärfe benötigen Sie auch kein extra Brotmesser. Fischfiletiermesser, Fleischausbeinmesser und 2 Größen für Gemüse und Tourniermesser. Mehr ist dann reine Leidenschaft.

Um diese wertvollen Messer lebenslang zu erhalten, gilt es weniges zu beachten: Nicht herkömmlich schleifen. Wir schleifen mit japanischen Schleifsteinen, etwas Aufwand, aber zielführend und klingenschonend. Bringen Sie Ihre guten Messer zu einem Messerschleifer. Kochmesser niemals in die Spülmaschine! Und nach dem Schneiden, insbesondere von säurehaltigen Lebensmitteln, immer mit einem feuchten Tuch abwischen.

Lassen Sie sich von Fachgeschäften beraten, regionale Beispieladressen finden Sie im Anhang.

Grundzubereitungen

Hier nun einige Rezepte, die etwas aufwendiger in der Vorbereitung sind und deshalb auf Vorrat hergestellt werden sollten. Gleichzeitig dienen sie als Ausgangsbasis für viele Varianten einer ideenreichen Küche und sollten schon allein deshalb kurzfristig zur Verfügung stehen.

Rindfleischbrühe (Heller Kalbsfond)

Für etwa 1,5 l Brühe

ca. 2,2 kg Kalbsknochen und Rindfleischabschnitte
4 l Wasser
250 g Zwiebeln
100 g Karotten
¼ Sellerieknolle {nicht zu groß}
1 kleine Petersilienwurzel
1 Zehe Knoblauch, mit Schale halbiert 10 weiße Pfefferkörner
etwas Muskat wenig Salz
4 Lorbeerblätter
6 angedrückte Wacholderbeeren
1 Gewürznelke
1 Zweig Thymian

Die Knochen vom Metzger grob zerkleinern lassen. Fleisch und Knochen kalt abwaschen und mit ebenfalls kaltem Wasser ansetzen. Zum Kochen bringen. Bei Bedarf das aufgeschäumte Eiweiß mit einem Schaumlöffel abheben.

Das Gemüse mit Ausnahme einer Zwiebel grob würfeln und zur Flüssigkeit geben. Gewürze hinzufügen. Die übrige Zwiebel einmal quer halbieren und in einem Edelstahltopf ohne Fett auf den Anschnittseiten dunkelbraun rösten. Anschließend dem Saucengemüse zusetzen. Dies verleiht der Brühe die satte Farbe, welche bei Fertigprodukten in der Regel mit Zuckercouleur erreicht wird.

Das Ganze lassen wir nun etwa 2 Stunden schwach köcheln, dabei hin und wieder den Schaum abschöpfen. Nach der Kochzeit durch ein Spitzsieb geben (bei vorhandenen Knochensplittern durch ein Saucentuch passieren). Nach Belieben noch weiter konzentrieren, und abschmecken. Die Brühe sollte genußfertig sein zur weiteren Verwendung.

Um den Fond zu entfetten, verwenden wir im heißen Zustand Küchentücher (Vorsicht, Verbrennungsgefahr!). Oder wir lassen die Flüssigkeit erkalten und heben dann die Fettschicht am Stück ab. Sollte die Brühe nicht klar genug sein:

Das Klären eines Fonds
Nach dem Absieben erkalten lassen. Dann mit einem verquirlten Eiweiß verrühren und unter ständigem Rühren aufkochen lassen. Mit Deckel ohne Flamme 20 Minuten ziehen lassen, durch ein Tuch passieren – fertig.

Grundsauce (dunkler Kalbsfond)

Aus diesem Fond lassen sich binnen Minuten die unterschiedlichsten Saucen-Grundzubereitungen zubereiten. Es lohnt sich, eine geringe Menge davon stets eingefroren zu haben...

Für ca. 1 l Saucenbasis

1,5 kg Kalbsknochen
40 g Bratenfett
200 g Zwiebeln
1 Karotte
2 EL gewürfelten Sellerie
2 Zehen Knoblauch, halbiert, mit Schale
2 EL Tomatenmark
2 gestrichene EL Mehl
etwa 2,5 l Wasser
weiße Pfefferkörner
wenig Salz
2 Blatt Lorbeer
6 angedrückte Wacholderbeeren

Die Knochen etwa walnußgroß hacken. Im Fett rundum scharf anrösten, das Fett anschließend abgießen.

Das kleingewürfelte Wurzelgemüse zusammen mit den Gewürzen zugeben. Nochmals rösten und dabei häufig wenden.

Wenig Wasser angießen und wieder gänzlich einkochen lassen. Denselben Vorgang noch einmal wiederholen, so wird der Geschmack und die Farbe der Sauce kräftiger.

Kurz vor dem Aufgießen des restlichen Wassers wird das Mehl zugestreut und dabei umgerührt Die Flüssigkeit und das Tomatenmark zufügen. Umrühren und etwa 2 Stunden zugedeckt köcheln lassen.

Durch ein Spitzsieb oder Tuch passieren, abschmecken und bei Bedarf entfetten.

Eine sogenannte Fleischglace läßt sich herstellen, indem diese Sauce so stark reduziert wird, bis sie eindickt sie ist dadurch auch im Kühlschrank länger haltbar und sollte nur sparsam verwendet werden.

Lammfond

Zubereitung wie Grundsauce, jedoch:

1. *Nur die halbe Menge ansetzen, da Lammfond in der Regel seltener gebraucht wird.*

2. *Lammknochen verwenden*

3. *Im Verhältnis zur Grundsauce die doppelte Menge Tomatenmark verwenden.*

4. *Zusätzlich etwas Thymian und Rosmarin zugeben.*

Fischfond

Für 1,2 l Fond

1 kg gesäuberle Fischkarkassen
2 EL Butter
100 g Lauch in Scheiben
100 g Staudensellerie, feingewürfelt
4 Schalotten, feingewürfelt etwas Salz
5 weiße Pfefferkörner 1 Lorbeerblatt
0,2 l trockenen Weißwein
Wasser zum Bedecken (ca. 1,5 l)

Die Karkassen zusammen mit dem Gemüse kurz in Butter anschwenken. Gewürze zugeben und mit Wein ablöschen. Das Wasser aufgießen und 20 Minuten schwach köcheln lassen. Dabei immer wieder abschäumen. Nicht länger kochen, da der Fond sonst schleimig wird. Bei zu starker Hitze tritt eine Trübung auf, wodurch ein Klären erst notwendig wird.

Nach dem Kochen durch ein Spitzsieb geben und abschmecken. Dieser Fond eignet sich aufgrund seines geringen Fettgehaltes vorzüglich zum Einfrieren, idealerweise in Eiswürfelform zur dosierten Verwendung.

Geflügelfond

Für ca. 1,2 l Brühe

1 ausgewachsenes Suppenhuhn
2,5 l Wasser
1 Zwiebel, quer halbiert
60 g Karotten, gewürfelt
1 Petersilienwurzel, gewürfelt
1 Bund glatte Petersilie
60 g Lauch, in Scheiben etwas Salz
wenig Muskatnuß, gerieben 5 weiße Pfefferkörner
3 Lorbeerblätter
5 Wacholderbeeren, angedrückt

Falls Sie das Geflügelfleisch weiter verwenden wollen, z.B. die Brust zum Fricassee, so sollte das Huhn in heissem Wasser angesetzt werden und wird dann nur ca. 45 Minuten gegart Jedoch hat man dann sowohl faseriges Fleisch, als auch eine weniger geschmackvolle Brühe! Besser ist der Fond von einem richtigen Suppenhuhn, wobei das Fett zum Schluß entfernt und das Fleisch weggegeben wird. Zuerst also das Huhn waschen und mit kaltem Wasser ansetzen.

Das Gemüse und die Gewürze kommen gleich hinzu, dabei wird die halbierte Zwiebel – wie im Rezept Rindfleischbrühe angegeben – zuvor gebräunt – Aufkochen und 1 ½ Stunden schwach köcheln lassen. Schließlich durch ein Spitzsieb geben und abschmecken. Nach Belieben noch weiter einkochen. Entfetten mit Küchentücher oder nach dem Erkaltem mit einem Schaumlöffel. Bei Bedarf Klären wie im Rezept „Rindfleischbrühe" angegeben.

Gemüsebrühe

für ca. 1,2 l Brühe

800 g Wurzelgemüse (Zwiebel, Lauch, Sellerie mit Grün, wenige Karotten)
Knoblauch
Petersilienwurzel
2 EL Sonnenblumenöl
1 Bund glatte Petersilie
Salz
Prise Zucker
4 weiße Pfefferkörner
2 Lorbeerblätter
4 Wacholderbeeren, angedrückt
wenig Muskat
2 EL Hefeflocken (aus dem Reformhaus)
2 l Wasser

Zuerst wird das kleingewüfelte Gemüse in Sonnenblumenöl leicht angebräunt Die Zwiebeln wie im Grundrezept „Rindfleischbrühe" zuvor halbieren und an der Schnittfläche anrösten. Schließlich mit Wasser aufgießen und ca. 50 Minuten köcheln lassen. Danach durch ein Sieb geben und abschmecken.

Pilzfond

Für ca. 0,6 l Flüssigkeit

1 kg Pilze
3 EL Butter
160 g Schalotten (oder Zwiebeln)
200 ml trockenen Weißwein
Salz
weißer Pfeffer
1 knappen TL Majoran
TL Zitronensaft

Da sich bei diesem Rezept die Pilze noch für weitere Gerichte verwenden lassen, sollen sie ihre helle Farbe nicht verlieren.

Läßt sich ein Waschen der Pilze nicht umgehen, so schwenken wir sie in einer Mischung aus Wasser, etwas Mehl und einem Schuß Essig. So bleiben sie schön bleich. Sodann schneiden wir die Pilze in Scheiben und träufeln sogleich den Zitronensaft darüber.

Zusammen mit den feingewürfelten Zwiebeln schwenken wir beides in Butter an. Mit Weißwein ablöschen, Gewürze hinzugeben und 10 Minuten mit Deckel köcheln lassen. Zum Schluß werden die Pilze abgesiebt und getrennt zur anderweitigen Verwendung aufbewahrt. Der Pilzfond kann ebenfalls eingefroren werden.

Fachausdrücke

aufmontieren:	Eine Sauce oder Suppe durch Aufschlagen mit eiskalter Butter binden.
blanchieren:	kurzzeitiges Kochen in sprudelnd heißem Salzwasser; betont den Geschmack und die Inhaltsstoffe vor allem bei Gemüse.
Consomme:	klare Kraftbrühe
Farce:	feingehackte Füllung von Pasteten, Strudeln etc.
Fond:	Basis für Saucen in Form von Fleisch-, Fisch-, oder Gemüsebrühe
gratinieren:	kurzzeitiges überbacken bei hohen Temperaturen, nur mit Oberhitze
Julienne:	feine Gemüsestreifen
Karkassen:	Knochenskelett von Fisch-, Geflügel und Krustentieren ohne Innereien
medium:	Gargrad für dunkles Fleisch: rundum gut angebraten; aus dem Innern tritt bei der Fingerdruckprobe noch Blut aus (jedoch nicht mehr „bleu“)
mehlieren:	leicht mit Mehl bestäuben, um die Zellflüssigkeit zu binden. Bevorzugt verwendet beim Anbraten von hellem Fleisch.
nappieren:	mit einer dicklichen Sauce überziehen
parieren:	Fleisch- und Fischstücke vorbereiten durch Entfernen von unerwünschten Anteilen (wie Haut und Sehnen etc.).
pochieren:	Garen in Flüssigkeit knapp unter dem Siedepunkt
reduzieren:	Einkochen ohne Topfbedeckung unter großer Flamme
sautieren:	kurzes, kräftiges Anbraten mit Fett
Tomate Concasse:	gewürfelte, geschälte Tomaten; als Fertigprodukt in guter Qualität erhältlich.
tournieren:	Gemüse länglich zuschneiden, um eine gleiche Form und Größe zu erhalten.
tranchieren:	Bratenstücke in portionsgerechte Scheiben schneiden.
zur Rose aufschlagen: (oder abziehen)	Im heißen Wasserbad eine Crememasse soweit erhitzen, daß sie eindickt Als Kontrolle wird ein Holzkochlöffel in die Creme eingetaucht: beim Daraufblasen sollen sich rosenförmige Falten bilden, dann ist die Bindung perfekt

Persönliche Einkaufsempfehlungen

Adressen in unserer Region

Hier erhalten Sie frische (Bio-)Zutaten und Produkte von engagierten Produzenten in hoher Qualität. Die Auswahl ist unvollständig und erhebt keinen Anspruch auf Vollständigkeit, es gibt noch weitere gute Hersteller in unserer Region. Möglicherweise kennen wir sie nicht. Die nachfolgenden Produzenten kennen wir persönlich, wir wissen, was sie wie herstellen. Mit ihren Produkten arbeiten wir seit Jahren, sie sind wesentlicher Bestandteil unserer Küche. Deshalb können wir sie empfehlen. Produkte zu verwenden von Menschen, die wir persönlich kennen, ist ein wichtiger Teil unserer Lebensqualität.

Stand: November 2024

Bier	**Brauerei Kronburg Schweighart e.K.** Kronburg info@brauerei-kronburg.de; www.brauerei-kronburg.de	Regional bekannte süffige Bier-Spezialitäten, gebraut von Braumeister Florian Schweighart. Neuerdings auch Bio-Bier, ebenso schmackhaft. Schöner Biergarten mit guter Speisekarte.
Bier	**Brauerei Clemens Härle** Leutkirch info@haerle.de; www.haerle.de	Feinste Allgäuer Bierspezialitäten in bester Brautradition gebraut in Leutkirch. Hervorragende Bio-Biere, auch alkoholfrei. Landzüngle-Biere und Limonaden haben hier ihre Heimat. Im historischen Gasthof kann man auch vorzüglich essen. Konzerte und Kleinkunst in der alten Brauerei. Brauereibesichtigung wird angeboten.
Bio-Gartenbau	**Bioland Gemüsebau Roman Eberle** Fronhofen 2, Altusried Hofverkauf, aktuell Mi 17.00-19.00 Uhr und diverse Wochenmärkte, 08370-97433	Freiland-Gemüse auf über 700m Meereshöhe. Hervorragende Qualität.
Bio-Gartenbau	**Bioland Gemüsebau Hiedl** Altusried Hofladen Wasserschwenden, Wochenmärkte der Region oder 08374-25580	Bioland-Gemüseanbau im Allgäu seit über 30 Jahren. Familienbetrieb. Direktvermarktung leckerer Gemüsesorten im eigenen Hofladen und auf Wochenmärkten. Phantastisches Kraut zum Krautern.
Bio-Gartenbau	**Biohof Willburger** Erolzheim www.bio-willburger.de; info@bio-willburger.de	Anbauspezialist für Naturland-Gemüse und Kartoffelanbau, Familienbetrieb seit Generationen. Hofverkauf und Wochenmärkte im Unterallgäu.

Bio-Käserei, Sahne, Butter, Käse	**Bio-Schaukäserei Wiggensbach** Wiggensbach www.shop.schaukaeserei-wiggensbach.de/	Schaukäserei und Erlebnisgastronomie-die Kässpätzle sind legendär! Überregional bekannte Qualität von Bio-Käsespezialitäten. Selbst die Sahne ist eine Klasse für sich!
Bio-Lebens-mittel	**RAPUNZEL Welt Legau** Legau www.rapunzel-welt.de	Eine Bio-Welt für sich im beschaulichen Legau. Grosses Bio-Sortiment für jeden Tag, eigene Herstellung, Cafe und Events. Für echte nachhaltige Feinschmecker ein absolutes MUST.
Bio-Lebens-mittel	**PurNatur Naturkost und Bistro** Kempten www.purnatur-kempten.de	Ausgewähltes hochwertiges Bio-Sortiment in schöner Ladenatmosphäre. Teils eigene Herstellung, sehr leckeres Essen im Bistro. Besondere Frischeprodukte und Beratungssortimente. Events und Lieferservice.
Bio-Milch, Joghurt, Kalbfleisch	**milchfleck** Aichstetten www.milchfleck.de	Bio-Lieferservice für demeter-Milch und Joghurt aus eigener Hofmolkerei, Fleischvermarktung aus eigener Kälberaufzucht über die TischGenossen. Geht`s der Kuh gut, geht`s den Menschen gut. Wunderschöne Kühe auf der Wiese zum Bestaunen.
Bio-Olivenöl	**amiataverde** Dietmannsried info@amiataverde.de	Natives Olivenöl Extra vom Monte Amiata, mechanisch gepresst aus „Olivastra"-Oliven. Vom allerfeinsten!
Bio-Olivenöl und Naturkost	**BIO MERCATO** Kempten www.bio-mercato.de	Schöner gutsortierter Biomarkt mit italienischem Flair, mit Cafe. Hier trifft sich das Allgäu und Italien. Sehr freundliche Atmosphäre. Feines Olivenöl „Oli Divini".
Bio-Fleisch Rind und Schaf	**Biohof Ziegler** Kirchhaslach-Greimeltshofen Tel.: 08333-4294 biohof-ziegler.jimdosite.com/	Beste Fleischprodukte aus eigener Aufzucht, ganzjähriger Weidehaltung und eigener Schlachtung. Hofladen und Wochenmärkte.
Bio-Ziegen-fleisch, Rind und Kalb	**TischGenossen** Aichstetten www.tischgenossen.org	Biofleisch-Spezialitäten direkt von den Höfen der TischGenossen-Bauerngemeinschaft. Eigene vorbildliche Kälberaufzucht. Webshop und regelmäßige Verkaufsaktionen bei Schlachtung.

Brot- und Backwaren	**Franz&Xaver, Eine Marke der Bio-Lifestyle GmbH** Kempten info@franzundxaver.de; www.franzundxaver.de	Gutes Bio-Gebackenes, vor allem Dinkelbackwaren. Einst war der ursprüngliche Inhaber Franz Fäßler Pionier mit Bio-Backwaren im Allgäu. Heute kleinfilialisert.
Brot- und Backwaren	**Kornblume Ofterschwang** Ofterschwang	Es gibt sie noch, zum Glück – mitten im Dorf! Bäckermeister Thomas Baustetter backt in Ofterschang handwerklich bestes Bio!
Brot- und Backwaren	**Ludwig Stocker Hofpfisterei GmbH** Filialen im Allgäu https://www.hofpfisterei.de	Nicht nur regional, aber auch bei uns im Allgäu - Der Biopionier der Familie Stocker in München seit 40 Jahren mit Geschäften auch in unserer Region und in vielen Naturkostläden mit besten Bio-Backwaren.
Drinks alkoholfrei	**ClearMind-Projects, Wenning GbR** Memmingen www.clearmind-projects.de; info@clearmind-projects.de	Alkoholfreien Gin, alkoholfreie Produkte im eigenen webshop.
Edelkrebse	**Fischereiverein Sulzberg Oy-Mittelberg** Oy-Mittelberg www.fischereiverein-rottachsee.de	Beste Allgäuer Edelkrebse aus dem Rottachsee. Eine Delikatesse! Saison von Juli bis Anfang September.
Fleisch- und Wurstspezialitäten, Catering	**Bauerngemeinschaft Illerwinkel GmbH** Legau info@bg-illerwinkel.de, http://www.bg-illerwinkel.de, 08330-933874	Regionale Fleisch- und Wurstprodukte aus Hoferzeugung und eigener Schlachtung in hoher Qualität. Hervorragende Rauchfleischspezialitäten. Catering. Schön, wenn man die engagierten Landwirte persönlich kennt.
Geflügel	**Bio-Geflügelhof Adelwarth** Lachen - Hetzlinshofen info@biogefluegelhof.de; www.biogefluegelhof.de	Artgerechte Bio-Geflügelhaltung der Familie Adelwarth mit eigener Hofmetzgerei im alten Illertal. Leckere Puten, Gänse und Enten. Vermarktung im eigenen Hofladen und auf Wochenmärkten.

Gewürze und Grundnahrungsmittel	**Biomärkte und Reformhäuser** Märkte im Allgäu Bio-Einkaufsführer für das Allgäu ist hier erhältlich: www.bioeinkauf-allgaeu.de	Gewürze verbinden uns mit der Welt, sie sind selten lokal erzeugt. Wichtig: Kaufen Sie Bio-Gewürze, diese haben eine hervorragende Qualität und sind nachhaltig. Wir verwenden vorwiegend LEBENSBAUM-Gewürze. Diese und andere hervorragende Marken finden Sie in jedem Naturkostmarkt, Reformhaus oder im Bio-Hofladen.
Honig	**Schaf&Biene** Wiggensbach 08370-1554	Guter Bienenhonig aus dem Allgäuer Voralpenland. Unser Favorit ist die Sommertracht.
Honig	**demeter-Imkerei Allgäubiene** Bidingen/ Ostallgäu www.allgaeubiene.de; honig@allgaeubiene.de	demeter- Bienenhonig aus dem Ostallgäu. Viel Wissenswertes um Bienenhaltung und Honigerzeugung.
Alkoholfreie Getränke	**Manufaktur Jörg Geiger, Schlat** Schlat www.manufaktur-joerg-geiger.de	Nicht in unserer Region, aber gar nicht so weit bis in die Streuobstwiesen um Göppingen. Und auch hier in Feinkostläden erhältlich. Pionier bei alkoholfreier Menübegleitung der Spitzengastronomie. Es muss nicht immer Alkohol sein- es geht doch um Geschmack und Genuss... ein Meister seines Fachs, probieren Sie den Prisecco. Nr. 11 ist unser „Lieblings-Champagner"...
Kaffee	**RAPUNZEL Welt Legau** Legau www.rapunzel-welt.de	Eigene Kaffeerösterei mit fairem Kaffee aus eigenen Projekten, gute Info zum Kaffee, der vor Ort auch in guten Siebträgermaschinen zubereitet wird. Heldenkaffee zum Mitnehmen.
Küchenbau	**Schreinerei Konrad** Kimratshofen www.schreinerei-konrad.de; info@schreinerei-konrad.de	Hochwertigste Küchen zu einem angemessenen Preis. Sehr funktional und profi-tauglich im Detail. Empfehlenswert die Gewürzschubladen für 120 griffbereite Gewürzdosen direkt am Herd.
Küchenbedarf	**aha..! Schwaderer Glas-Porzellan-Geschenke-Haushaltswaren** Memmingen 08331-2177, info@aha-schwaderer.de	Küchengeräte und Kochutensilien in hoher Qualität. Gute freundliche Beratung. Regelmäßige Messerschleifaktionen vom Profi.

Küchen-bedarf	**Fissler Shop Kempten** Kempten fissler-kempten@fissler.com	Gute Auswahl an hochwertigen Küchenutensilien, v.a. Messer. Fast alles zu finden, was Koch/Köchin benötigt.
Meeresfisch	**Fischrouten - Riekers Fischfeinkost** Leutkirch www.fischrouten.de/verkaufsorte; riekers@fischrouten.de; +49 (0)172 434 28 45	Seit 1994 der „Rollende Fischladen" im Allgäu, mit guten frischen Meeresspezialitäten aus Bremerhavener Direktbezug. Bernd Riekers macht regelmäßig Station in den vielen Orten der Region, s. Webseite.
Meeresfisch und Wild	**Der Schmidt** Altusried www.derschmidt.store	Die Frische-Fetischisten aus dem Oberallgäu, sehr guter Meeresfisch, Räucherfisch, Wild und Feinkost. Verkauf auf Märkten und auf Anfrage.
Mehl und Getreide-erzeugnisse	**Uhl-Mühle Haslach** Rot a. d. Rot-Haslach 08395/1307	Regionales Mehl vom Mühlenspezialisten mit hervorragenden Backeigenschaften. Eigener Hofladen mit Getreidespezialitäten.
Mehr als nur Honig – die Welt der Bienen	**Mellifera e.V.** Rosenfeld www.mellifera.de	Wissenswertes um wesensgemäße Bienenhaltung – eine Welt für sich. Empfehlenswert!
Regionale Grundnah-rungsmittel	**Feneberg-Regionalware „Von Hier"** Filialen im Allgäu in allen FENEBERG-Märkten der Region; www.feneberg.de/von-hier/	Vorbildliche Bio-Produkte vom Allgäuer Supermarkt-Filialisten. Eines der ersten und besten Bio-Regionalprogramme im dt. Einzelhandel.
Regionaler Fisch	**Fischzucht Roglmeier** Legau 08330-1235	Sehr feine frisch geräucherte Forellen und Saiblinge. Verkauf im Hofladen und auf Märkten.
Regionaler Fisch	**Forellenzucht Fricke** Legau 08394-392	Fischzucht, Fischladen und Catering mit leckeren Fischplatten. Räucherfisch und Feinkost.
Restaurants	**SlowFood Chef-Alliance-KöchInnen** Allgäu und Oberschwaben www.slowfood.de; www.slowfood.de/netzwerk/vor-ort/oberschwaben	Netzwerk guter KöchInnen in ihren Regionen unter SlowFood Deutschland. Besondere Regionale Spezialitäten handwerklich zubereitet. Da kann man überall bestens essen!

Safran	**Safranerie Habeker Hof** Haar b. München info@habeker-hof.de; https://www.habeker-hof-shop.de	Da unser eigenangebauter Allgäuer Safran nicht ausreicht für den Verkauf - hier eine empfehlenswerte Bezugsadresse. Die Safranerie hat hochwertigen bayerischen Safran in eigener Vermarktung über Webshop und eigenen Hofladen.
Tischkarten und Druckerzeugnisse	**Mayr & Abel Druck GmbH** Legau www.mad-verlag.de	Regionale Druckerei. Viele bedruckte Allgäu-Sachen im eigenen Laden „Blaues-Gelb" und im Webshop, Schwerpunkt Kleiderkollektion. Aber auch Gestaltung und Druck von Karten/Einladungen für Events.
Trüffel	**Gourmet und Meer** Sonthofen www.gourmetundmeer.de	Trüffelexperten mit eigenen Trüffelhunden, Lizenz für Trüffelsuche in der Region, Trüffelsuch-Events im Allgäu. Import von Istrien-Trüffel. Eigener youtube-Kanal für Trüffel. Ein MUSS für echte Trüffelfreunde.
Kochbücher und Literatur	Diverse gutsortierte Buchhandlungen in der Region, wie Osiander, Hugendubel, Tobias Dannheimer, Thalia, Buchladen Schmid (MM), Buchhandlung Spiegelschwab (MM) u. a.	Kaufen Sie Ihre Kochbücher stationär vor Ort! Denn Buchläden tragen wesentlich zu einem vielfältigen Angebot in unseren Städten bei ...

ZERO ALCOHOL
ORFEO
CINCIN
ENDLICH DARF'S
EIN FLÄSCHCHEN
MEHR SEIN!
FINE
DRINKING
0.0‰
Bye, bye Unterwelt. Nie wieder Katertage. Die neue alkoholfreie Gin-Alternative mit ausgeprägter Wacholderbasis eröffnet durch den Geschmack von mild geräucherten Heidelbeeren neue Genusswelten voller Klarheit und Freude.
TRADITIONALLY DISTILLED
ORFEO
CINCIN | 0.0% ALC.
0.0% vol.
SMOKED
BLUEBERRY
50 ml
INFO@CLEARMIND-PROJECTS.DE
0% SPIRIT | 100% NATURAL | 100% TASTE

Danksagung

Kochen und gemeinsames Essen können und sollen Freude machen. Möge das vorliegende, sehr persönliche Kochbüchlein dafür Ideengeber sein und zum eigenen oder gemeinsamen Ausprobieren anregen. Denn kein Gericht, kein Rezept entsteht ohne gemeinsames Ausprobieren. Kochen als kreativer Akt – dies soll dieses Buch genussvoll vermitteln.

Es konnte nur entstehen durch die hilfreiche Unterstützung meiner Familie. Allen voran meiner Frau Sabine, mit ihr teile ich die Neugierde auf neue Gerichte, fremde Küchenkulturen und die Freude an gutem Essen mit netten Gästen. Sie erträgt auch meine zeitliche Gebundenheit für alles, was Garten und Küche regelmäßig einfordern. Danke dafür!

Dank auch unserem ganz besonderen Freundeskreis für den Austausch und das vorurteilsfreie gemeinsame Ausprobieren neuer Gerichte, ob im Garten oder am Essenstisch bei immer erkenntnisreichen Gesprächen.

Ebensolchen Dank auch den vielen Gästen bei Events und Feiern, die wir schon immer gerne hatten. Sowohl die Gäste, als auch die Feiern.

Schließlich meiner Mutter und meinen Geschwistern. Ohne die tägliche gute Küche von Kindheit an und die damalige wie heutige Achtsamkeit für besondere Zutaten wäre Kochen heute nicht meine Leidenschaft.

Danke an alle Köchinnen und Köche, die ich in vielen Jahren kennenlernen durfte und die sich für den Erhalt und die Weiterentwicklung einer lebenswerten Küchenkultur einsetzen.

Danke auch an die Künstlerin Barbara Müller-Pollack, die dieses Projekt ebenso leidenschaftlich wie zielgerichtet unterstützt hat.

Danke an die GraphikexpertInnen und Drucker- Innen von KSW, ohne sie wäre das Buch nicht entstanden.

Danke allen Gärtnern, Landwirten, Bäckern, Metzgern und Herstellern aus dem Lebensmittelhandwerk für die guten Produkte, die unser Leben jeden Tag auf's Neue bereichern.

So läßt sich`s gut Leben bei uns im Allgäu!